孟子詩契

章台華 著釋

文史哲學集成
文史哲出版社印行

國家圖書館出版品預行編目資料

孟子詩契 / 章台華著釋. -- 初版-- 臺北市：
文史哲，民 104.03
頁； 公分（文史哲學集成；675）
參考書目：頁
ISBN 978-986-314-250-8（平裝）

1.孟子 2.注釋

121.262　　104003289

文史哲學集成 675

孟子詩契

著釋者：章台華
出版者：文史哲出版社
http:// www.lapen.com.tw
e-mail：lapen@ms74.hinet.net
登記證字號：行政院新聞局版臺業字五三三七號
發行人：彭正雄
發行所：文史哲出版社
印刷者：文史哲出版社
臺北市羅斯福路一段七十二巷四號
郵政劃撥帳號：一六一八〇一七五
電話886-2-23511028 · 傳真886-2-23965656

定價新臺幣五二〇元

西元二〇一五年五月初版

ISBN 978-986-314-250-8　00675

孟繼先師孔
子開民主權
詩將經典譯
契聖有方圓

章臺華詩家鴻著梓行誌慶
歲次民紀第二癸巳中秋 陳冠甫題祝

孟子詩契——以七言絕句恭繹亞聖經文序

孔子（公元前五五一—前四七九）、孟子（約公元前三七二—前二八九年），一生終春秋（公元前七七〇—前四七六）、一生於戰國（公元前四七五—前二二一），一者行仁、一者倡義。其人格奈高偉大，一為至聖、一為亞聖；宛如天上之日月，相繼輝耀於上蒼。其思想學說，啟蒙並引領天下代代子民；諸放之四海而皆準，永垂千秋萬世而不渝也。

《論語》文詞簡鍊，意多含蓄；《孟子》則詞鋒犀利，極其奔放恣肆。孔子之學術行事，經孟子發輝闡述，以高度之文采與辯才，隨事譬喻，從容點化，婉曲引導，妙趣橫生，其義理愈加透澈正確，信大有功於儒道。二聖思想學說之相互關係，譬猶宮室，一為基石，一為梁柱，不可或缺。微孔子，中華民族文化恐將中斷而難逐漸形成強大之凝聚力；有孟子，中華民族文化乃能持續發揚光大。

孟子雖無孔子寬博，卻較為精深，且更具有草根性，能為廣大百姓之立場設想，喚醒所有民眾，合力向罪惡之統治階層抗爭。其智慧、其膽識、其勇氣，何其偉哉！

緣孟子生在諸侯暴政，交相攻伐，仁義蕩然之戰國時代；以不忍百姓流離失所，餓殍遍野，遂激化孔子「道不行，乘桴浮于海。」憤世疾俗之出世態度為「當今之世，舍我其誰！」之入世關懷，而以解民倒懸為己任。若專就對後世文人之人格影響論，應遠遠超越孔子矣。又、孟子將孔子僅籠統概念之「仁」字；形象化為「不忍人之心」，並建立「性善論」，深入論述，且進而提出「仁政」之具體概念。由「仁」到「仁政」，是一種從社會道德到社會政治之大飛躍。其所主張：「民為貴，社稷次之，君為輕。」首開世界民主思想風氣之先；「聞誅一夫紂矣，未聞弒君也。」敢言千古天下人所不敢言；其朗朗正氣恰植基於「富貴不能淫，貧賤不能移，威武不能屈」之大丈夫氣度與心量也。

江西南昌　章臺華先生，一九一七年生，幼入長沙私塾，奠定國學根柢；續入天津南開中學，與胡適之長公子祖望同為窗友。抗倭入川攻讀，雙獲重慶沙坪壩國立中央大學農學士、成都華西壩私立金陵大學工學士學位後，嘗任化學、英

文教師，最後以國立編譯館編審致仕。晚年隨棄井盦主人方子丹學作詩，間亦與吳越王嫡裔九夷先生錢濟鄂切磋，眼界遂開，詩益大進．因春人詩社林社長一席之言，遂發以七言絕句繹《孟子》全部經文之大願。積數年之矻矻，幸獲完稿，余見而正其書名曰：《孟子詩契——以七言絕句恭繹亞聖經文》，蓋以其書採上下對照，繹詩能與亞聖經文相契合也。爰樂為之序，復贈以詩云：

繼孔幸有孟，亞聖弘至聖。若日月經天，千秋世同敬。
由仁乃及義，良知良能併。一本赤子心，行不忍之政。
聞誅獨夫紂，君輕民貴證。無恥禽獸鄰，人皆可為舜。
章子志誠人，其心似明鏡。以詩繹孟子，柳園代飾潤。
絕句配經文，對讀而理順。善在養浩然，天地為之正。

陳冠甫　慶煌　謹序

歲次民元第二癸巳（二〇一三）年七月吉日

孟子詩契序

《孟子》作者，《史記·孟子荀卿列傳》，趙岐《孟子章句》，應劭《風俗通》，及焦循《孟子正義》等，皆謂係孟子與弟子公孫丑、萬章之徒，述仲尼之意而著。其書七篇：梁惠王、公孫丑、滕文公、離婁、萬章、告子、盡心，共二六一章，都三萬四千六百八十五言。此書在北宋以前，仍列子書，洎乎朱熹出，取之而與《大學》、《中庸》、《論語》合稱《四書》，遂一躍而為十三經之一。元仁宗皇慶二年（公元一三一三）開始用《四書》試士，而成為天下士子必讀之書。

章公新哲，生鍾贛水剛風，丰神秀逸；誕挹豫章靈氣，志慮軼倫。崇隆郡望，清白家風。腹笥萬卷，著作等身。蒿目聖道式微，異端蠭起。濮上桑間，花感時而濺淚；淫辭邪說，鳥恨別而驚心。上焉者，不幸而不得聞大道之要；下焉者，不幸而不得蒙至治之澤。民之淪胥於晦盲否塞，未有甚於此時者也。公愀然閔世，

亟思衛道濟溺。爾乃殫精竭慮，耗費十載光陰，譯著《孟子詩契》。為先哲之所不能為，言今賢之所不能言，漪漪盛哉！

然則，欲將《孟子》微言大義，譯為七言絕句，須先把章句支分節解，字字協以聲律格調；又須脈絡貫通，一氣呵成，其艱困可知。庸詎知公如庖丁解牛，游刃有餘。其纘緒聖人之功，偉矣！蔑以加矣。是斯集將長留於天地之間，與河山並壽。

若夫公之於詩，蓋所謂上薄唐宋，下該明清。埒邁時流，爭勝前修。蕆事無乃折枝之勞耳，又奚足道。然而為求靡有所失，乃命不才為之校正。當今抱玉者聯肩，握珠者接踵。余如爝火，曷足以庚日月之餘光，是以固辭者再，而公期期不可。受命以還，日夕潛研章句，追琢詞章。冀偶心先聖，歸趣今賢。遂忘其固陋，徑將一得之愚，補其闕漏。第念代匱輕眇，孤負盛託。午夜思惟，深有愧焉。

柳園**楊君潛**　謹識

歲次甲午（二〇一三）秋仲於停雲閣寓所

前　言

孟子成書蘭桂馨　唐朝列入十三經
朱熹集註功成後　仁義忠心是典型

※　※　※　※

朱爾典曾贈巽言　四書使國具靈魂
西人無此雖兵利　屢勝清朝不敢吞

民國初年英公使朱爾典在辜鴻銘送別時之讜論

孟子詩契

目次

公孫丑上篇……五九

公孫丑下篇……八六

離婁下篇

萬章下篇

告子上篇

告子下篇……二九三

盡心上篇……三一九

盡心下篇

孟子詩契

梁惠王　上篇

章臺（台）華

一、梁惠王章

孟子見梁惠王。王曰：「叟，不遠千里而來，亦將有以利吾國乎？」

孟子對曰：「王何必曰利？亦有仁義而已矣。」「王曰：『何以利吾國？』大夫曰：『何以利吾家？』

孟子來梁見惠王，王曰老叟大名揚。
不辭跋涉逾千里，豈利吾邦有妙方。

孟子對云焉曰利？興邦唯有仁兼義。
如今王曰利吾邦，將見官家私利恣！

士庶人曰：『何以利吾身？』上下交征利，而國危矣！萬乘之國，弒其君者，必千乘之家；千乘之國，弒其君者，必百乘之家。萬取千焉，千取百焉，不為不多矣；苟為後義而先利，不奪不饜。」「未有仁而遺其親者也，未有義而後其君者也。」「王亦曰：仁義而已矣，何必曰利？」

士民皆曰利吾身。上下交爭逐利頻。
必若黃河齊決口，梁雖大國亦沉淪。
萬乘之君誰弒取？必為千乘之家主。
千乘之邦弒其君，必百乘家因步武。
萬乘多逢千乘篡，千車美受百車夷。
從來後義先圖利，奪位如同快朵頤。
心仁那得棄其親，守義先須敬國君。
王亦當言重仁義，為何必以利為芬。

二、王立於沼上章

孟子見梁惠王。王立於沼上，顧鴻鴈麋鹿，曰：「賢者亦樂此乎？」

孟子對曰：「賢者而後樂此，不賢者雖有此，不樂也。

詩云：『經始靈臺，經之營之；庶民攻之，不日成之；

經始勿亟，庶民子來。

再見梁王景可摹，當時王立沼之隅。
回看鴻雁麋麀問：賢者亦知斯樂乎？
孟子對言如振鐸：賢君方得為斯樂。
不賢雖擁美池塘，國亂民離憂患作。
詩經大雅敘靈臺：測地經營百姓來。
工作原無時日限，不消多日竟成哉。
文王初囑無須急，竟見民如供子職。
自動參加踴躍來，還開囿沼靈臺測。

王在靈囿，麀鹿攸伏，麀鹿濯濯，白鳥鶴鶴。王在靈沼，於牣魚躍。』文王以民力為臺為沼，而民歡樂之，謂其臺曰靈臺，謂其沼曰靈沼，樂其有麋鹿魚鼈。古之人與民偕樂，故能樂也。

湯誓曰：『時日害喪，子及女偕亡！』民欲與之偕亡，雖有臺池鳥獸，豈能獨樂哉！」

文王在囿一身輕，麀鹿無驚伏且行。
白鳥依人真似鶴，魚盈靈沼躍無聲。
臺池興建民工倚，民悉歡欣而若此。
誰取靈臺靈沼名？生民所取形容美。
民知鹿鼈與麋魚，雖屬文王卻樂如。
古聖與民同快樂，因之自己享安舒。
尚書湯誓言哀咽，恨煞當時無道桀。
烈日何時隨地喪！吾曹與汝同亡滅！
黎民積怨一何深，竟盼人天末日臨！
今日吾王池沼立，安能獨樂不關心？

三、寡人之於國章

梁惠王曰：「寡人之於國也，盡心焉耳矣！

河內凶，則移其民於河東，移其粟於河內；

河東凶亦然。察鄰國之政，無如寡人之用心者；

鄰國之民不加少，寡人之民不加多，何也？」

梁惠王云國政難，寡人為此感心酸。
雖然盡力為求善，結果依然堪浩歎！

某年河內荒兇怖，部分移河東暫住。
粟麥輸河內救災，供應老弱求充裕。

河東臻見鬧年荒，辦法相同救百殃。
鄰國君王非若是，用心遠不及吾強。

寡人庶眾不加多，計口鄰邦無減少。
此事原因想不通，高明老叟當知曉。

孟子對曰：「王好戰，請以戰喻。填然鼓之，兵刃既接，棄甲曳兵而走，或百步而後止，或五十步而後止；以五十步笑百步，則何如？」

曰：「不可。直不百步耳，是亦走也！」

曰：「王如知此，則無望民之多於鄰國也。」

孟曰吾王嗜戰爭，因依戰譬說分明。
鼕鼕戰鼓頻敲響，勢必朝前挺刃迎。
軍人棄甲丟盔後，兵器牽拖猶在手。
懦漢先逃百步休，傖夫五十步停走。
逃停五十步呫嚅，諷語傳於百步徒。
我膽雖輕渠更小，吾王認此理端乎？
王云逃走如飆犬，還敢狂言驕傲顯！
五十雖非百步多，依然軍法難寬免。
曰王明此請推知，勿望民蕃臨國萎。
鄰國情形雖欠善，梁民度日豈恬熙？

不違農時，穀不可勝食也；
數罟不入洿池，魚鼈不可勝食也；
斧斤以時入山林，材木不可勝用也；
穀與魚鼈不可勝食，材木不可勝用，是使民養生喪死無憾也；養生喪死無憾，王道之始也。」

「五畝之宅，樹之以桑，五十者可以衣帛矣；雞豚狗彘之畜，無失其時，七十者可以食肉矣；

農家稼穡關強弱，傜役時當研究作。
妨礙耕耘不可行，粟粱盛產陶然樂。

漁撈密網蔚成風，坐見深池水產空。
小鼈魚苗須禁捕，網疏幼漏益無窮。

山林砍伐時為主，不勝材木任樵取。
幼樹勤栽且保持，斷乎不可遭斤斧。

粟粱魚鼈食豐如，瑞木良材用有餘。
喪死迎生無憾矣，斯為王道始來初。

廬前五畝柔桑育，耳順能衣綢悅目。
狗彘雞豚不失時，年超七十餐豚肉。

百畝之田，勿奪其時，數口之家可以無飢矣；

謹庠序之教，申之以孝悌之義，頒白者不負戴於道路矣。

七十者衣帛食肉，黎民不飢不寒，然而不王者，未之有也！」

「狗彘食人食而不知檢，塗有餓莩而不知發，人死則曰：『非我也，歲也。』

良田百畝務耕耘，傜役徵征要翕群。
避免農忙征力役，無飢數口自歡欣。
因才施教從嚴誨，孝悌申之銘五內。
頒白耆年路上行，不須負重彎腰背。
古稀食肉緞綢供，庶眾無飢不懼冬。
如此若非天下主，從來未有此儀容。
惟今萬乘無聰叡，雖達豐年無患際。
犬豕飽餐人食糧，不知購粟防饑歲。
每逢災變缺糧時，不曉開倉以救饑。
坐視國中多餓殍，推除責任怪年非。

是何異於刺人而殺之，曰：『非我也，兵也！』王無罪歲，斯天下之民至焉。」

不啻揮刀將客刺，偏云其命歸西事。
絕非吾手所能為，乃是刀鋒之所致。
君王切勿怪年凋，肩膀須全責任挑。
是則九州之貴賤，聞風而至若歸堯。

四、願安承教章

梁惠王曰：「寡人願安承教。」孟子對曰：「殺人以梃與刃，有以異乎？」曰：「無以異也。」「以刃與政有以異乎？」曰：「無以異也。」

梁惠親咨孟子恭：寡人誠願與開蒙。
答云兇手揮刀棒，後果雷同或不同？
王云後果無分級。暴政兇刀人所執，
殺死無辜異或同？相同皆令人優悒。

曰：「庖有肥肉，廄有肥馬，民有飢色，野有餓莩，此率獸而食人也。獸相食，且人惡之。為民父母行政，不免於率獸而食人，惡在其為民父母也！」

「仲尼曰：『始作俑者，其無後乎！』為其象人而用之也，如之何其使斯民飢而死也。」

國君肥肉滿廚房，馬廄也多肥駿藏。
黔首容顏呈菜色，荒郊餓殍見尋常。
養肥禽獸人饑萎，率獸食人安有異？
禽獸相吞人所憎，為民父母尤當忌。
君在民心父母情，國君行政正推行。
何能率獸吞黎庶，職守有虧當自明。
始為俑者當無後，此是先師尼父詬。
俑被批評作葬陪，真人餓斃何無咎！

五、晉國章

梁惠王曰：「晉國，天下莫強焉，叟之所知也。

及寡人之身，東敗於齊，長子死焉；西喪地於秦七百里；南辱於楚：寡人恥之，願比死者一洒之，如之何則可？」

孟子對曰：「地方百里而可以王。王如施仁政於民，

省刑罰，薄稅斂，深耕易耨。壯者以暇日，修其孝悌忠信，入以事其父兄，出以事其長上，

梁惠王朝孟子詢：雄強晉國固無倫。
當然我叟全知曉；但有難題願述陳：
東敗於齊亡長子，秦吞七百平方里。
南淪楚地我蒙羞，怎樣慰亡兼雪恥？
對云雖百里之邦，也可行仁成聖王；
何況梁為千里國，如行仁政弱能強。
輕刑薄稅無煩惱，耕土宜深除稗草。
孝悌信忠精壯修，父兄長上皆稱好。

可使制梃，以撻秦楚之堅甲利兵矣！
彼奪其民時，使不得耕耨，以養其父母，
父母凍餓，兄弟妻子離散。
彼陷溺其民，
王往而征之，夫誰與王敵！故曰：『仁
者無敵。』王請勿疑。」

如斯自可練雄師，上陣均能鐵棒揮。
秦楚雖然兵甲利，怎能抵擋我王旗！
他邦國主無良績，奪取民時賢諫寂。
除草耕耘盡誤時，民無收穫椿萱慼。
雙親受餓復挨寒，兄弟妻兒生計難。
各自謀生如鳥散，流亡困苦不成歡。
彼邦國主崇嚴峻，似使其民坑阱進。
火熱水深民恨多，亟求霾去天晴迅。
王為救苦往征攻，敵國誰人敢引弓？
古語仁人無敵手，王如疑解自亨通。

六、梁襄王章

孟子見梁襄王。出語人曰：「望之不似人君，就之而不見所畏焉。」卒然問曰：「天下惡乎定？」

吾對曰：「定於一。」「孰能一之？」對曰：「不嗜殺人者能一之。」「孰能與之？」對曰：「天下莫不與也。」

孟子梁襄相語欣，出宮孟子對人云：
望之終覺無風度，此貌何能是國君！
走近王前詳視頹，儀容鬆弛威嚴罄。
猝然向我問渠疑：天下何時能底定？
我答河山帶厲看，九州方可樂恬安。
何人統一能施力？不嗜殺人斯不難。
又問如能人命護，有誰歸順行同步？
九州之內悉來歸，容我推陳茲事故。

王知夫苗乎？七八月之間旱，則苗槁矣。

天油然作雲，沛然下雨，則苗浡然興之矣。其如是，孰能禦之！

今夫天下之人牧，未有不嗜殺人者也。如有不嗜殺人者，則天下之民

皆引領而望之矣。誠如是也，民歸之，

由水之就下，沛然誰能禦之！」

王知麥粟黍苗乎？欲槁由於滴水無。
七八月間呈旱象，人人盼雨解乾枯。
油然早晚行雲作，雨水沛然充分落。
頃刻禾苗蓬勃興，誰能禁止黎民樂？
國主當今若考量，胥為嗜殺姓名揚。
如逢不愛傷人者，必使群民喜若狂。
人人引領如雲擁，恐後爭先來接踵。
彷彿巖泉向下奔，誰能遏止湍流湧？

七、齊宣王問章

齊宣王問曰：「齊桓晉文之事，可得聞乎？」孟子對曰：「仲尼之徒，無道桓文之事者，是以後世無傳焉，臣未之聞也。無以，則王乎？」曰：「德何如則可以王矣？」

曰：「保民而王，莫之能禦也。」

曰：「若寡人者，可以保民乎哉？」

曰：「可。」曰：「何由知吾可也？」

齊桓比美晉文公，夫子請言其事功。
孔子門徒皆未講，桓文霸業腦中空。
但如必要臣開口，王道行仁能不朽。
德行必須何典型，方能郅治吾持有？
王如能夠護人民，舉世視王如至親。
眾擁君王天下主，誰能阻止彼來頻？
寡人如此之模樣，能否保民孚眾望？
確信王能善保民。從何而曉吾情況？

曰：「臣聞之胡齕曰：『王坐於堂上，有牽牛而過堂下者，王見之曰：牛何之？對曰：將以釁鐘。王曰：舍之，吾不忍其觳觫，若無罪而就死地。』對曰：「然則廢釁鐘與？」曰：「何可廢也？以羊易之。』不識有諸？」曰：「有之。」曰：「是心足以王矣。百姓皆以王為愛也，臣固知王之不忍也。」王曰：「然，誠有百姓者，

臣聞胡齕說分明，王坐明堂侍眾卿。
只見牽牛堂下過，王詢欲往那邊行？
那人回答需牛血，用以釁鐘無隙裂。
王曰饒他命一條，憐渠觳觫直悲切。
堪憐受死卻無辜。回問釁鐘能廢乎？
王曰用羊來掉換，釁鐘習俗不能無。
不知其事之真假。王曰誠然真事也。
孟曰吾王具此心，當然可王於天下。
百姓以為王愛惜，微臣了解你仁慈。
王云百姓無知者，觀念如斯不足奇。

齊國雖褊小，吾何愛一牛？即不忍其觳觫，若無罪而就死地，故以羊易之也。」

曰：「王無異於百姓之以王為愛也，以小易大，彼惡知之？

王若隱其無罪而就死地，則牛羊何擇焉！」

王笑曰：「是誠何心哉！我非愛其財而易之以羊也，宜乎百姓之謂我愛也。」

曰：「無傷也，是乃仁術也，見牛未見羊也，君子之於禽獸也，

齊雖褊小何牛愛，不忍親瞧牛慄態。
恰若無辜受死刑，因之改用羊來代。
吾王被認愛之尤，膚淺誠然慮未周。
怎曉吾王心地善，迥非大小比羊牛。
牛羊無罪同規格，用血釁鐘皆合適。
受死牛羊無不同，王何僅對牛珍惜？
宣王微笑表心田：我豈為財惜小錢，
故用羊將牛替換，宜乎民請愛牛偏。
孟軻回答無關係，仁術原來無掩蔽。
只見該牛未見羊，仁人君子情方勵。

見其生，不忍見其死；聞其聲，不忍食其肉：是以君子遠庖廚也。」

王說曰：「詩云：『他人有心，予忖度之。』夫子之謂也。

夫我乃行之，反而求之，不得吾心；夫子言之，於我心有戚戚焉；此心之所以合於王者，何也？」

曰：「有復於王者曰：『吾力足以舉百鈞，而不足以舉一羽；明足以察秋毫之末，而不見輿薪。』

曾觀活畜美身型，不忍親看其死形。
聞畜慘聲難食肉，故須君子遠廚腥。

王心甚悅談詩理：心事深藏渠五內，
我卻由推測出來。斯詩恰是言夫子。

吾行此事不輕鬆，心理如山隔萬重。
反覆尋思難理解，幸虧夫子啟塵封。

今朝夫子言何卓，開解寡人心悟確。
心善足堪王九州，緣何道理希磨琢。

禽毛一羽舉難升，力舉百鈞卻逞能。
滿載輿薪看不見，秋毫之末眼能勝。

則王許之乎？」曰：「否。」

「今恩足以及禽獸，而功不至於百姓者，獨何與？

然則一羽之不舉，為不用力焉；輿薪之不見，為不用明焉；百姓之不見保，為不用恩焉。

故王之不王，不為也，非不能也。」

曰：「不為者與不能者之形，何以異？」

曰：「挾太山以超北海，語人曰：『我不能。』是誠不能也，

斯言若向吾王進，是否王還能置信？
王曰當然信不來。請王聽我言辭峻。
恩惠能加及獸禽，民猶困苦淚沾襟。
緣何未得王維護，究竟原因當可尋。
禽毛用力方能舉，眼矚輿薪清又楚。
保護黎民要用恩，恩施天下皆歸汝。
吾王知曉要施恩，卻不為之怕紛煩。
偏說不能詞欠妥，則求郅治乃空論。
不能怎與不為劃，北海泰山山與壑。
過海挾山云不能，誠然誰也無從作。

為長者折枝，語人曰：『我不能。』是不為也，非不能也。

故王之不王，非挾太山以超北海之類也；王之不王，是折枝之類也。

老吾老，以及人之老；幼吾幼，以及人之幼；

天下可運於掌。詩云：

『刑于寡妻，至於兄弟，以禦于家邦。』

為他長者折枝條。曰我不能虛意昭，
不是不能原不做，不為之語甚明嘹。

吾王可作神州宰，非挾泰山超北海。
正像折枝須實行，良機錯過將追悔。

侍候父兄須不差，更當尊奉別人家。
君之幼小先維護，繼對旁人子弟嘉。

終能掌握民心徧，一統泱泱全禹甸。
大雅思齊第二章，詩經讚詠文王彥：

文王德行世無雙，示範妻前浩若江。
昆弟宗親先拓展，延伸以至舉家邦。

言舉斯心加諸彼而已。故推恩足以保四海，不推恩無以保妻子；古之人所以大過人者，無他焉，善推其所為而已矣。今恩足以及禽獸，而功不至於百姓者，獨何與？」「權，然後知輕重；度，然後知長短，物皆然，心為甚。王請度之。」

「抑王興甲兵，危士臣，構怨於諸侯，然後快於心與？」

其言即舉斯恩德，擴與他人皆可得。
是以德恩能廣推，當然足保神州域。
如恩不使拓之寬，妻子安全也困難。
古聖能超殊眾者，善推所作故民歡。
緣何恩惠及禽獸，百姓未能蒙庇佑。
用秤能知物重輕，如同用尺將長究。
諸般品物悉知之，世上人心更若斯。
王請臨時勞御駕，本心量度自深知。
難道王將兵甲演，使民臣士逢危險。
諸侯因此結冤仇，然後心花開萬點？

王曰：「否。吾何快於是！將以求吾所大欲也。」曰：「王之所大欲，可得聞與？」王笑而不言。

曰：「為肥甘不足以口與？輕煖不足於體與？抑為采色不足視於目與？聲音不足聽於耳與？

便嬖不足使令於前與？王之諸臣，皆足以供之。而王豈為是哉？」曰：「否。吾不為是也。」

曰：「然則王之所大欲，可知已。欲辟土地，朝秦楚，涖中國，而撫四夷也。

王云我意不猖狂，僅乃求酬大欲望。
大欲望能披露否？王惟莞爾不宣揚。

肥甘豈是難填腹？輕煖未能充雅服？
美色低於王眼光？音聲或未諧絲竹？

便嬖侍臣聽指揮，諸般供應盡無違。
王其不足填前欲？吾欲非如是細微。

王之大欲今猜中；闢地荊秦皆入貢。
統轄神州撫四夷，容臣分析茲香夢。

以若所為，求若所欲，猶緣木而求魚也。」王曰：「若是其甚與？」曰：「殆有甚焉。

緣木求魚，雖不得魚，無後災。以若所為，求若所欲，盡心力而為之，後必有災。」

曰：「可得聞與？」曰：「鄒人與楚人戰，則王以為孰勝？」曰：「楚人勝。」

曰：「然則小固不可以敵大，寡固不可以敵衆，弱固不可以敵彊。

王如冒險竟何如？緣木而求樹上魚。
王曰如斯之甚與？余言按理未吹噓。

求魚緣木縱非妥，絕未隨招來惡果。
以若所為求欲填，盡心力作將招禍。

請言原委與吾聞。楚與鄒邦起戰雲，
勝利將為何國得？當然是楚掃千軍。

從未小不能攻大，兵寡恒遭兵衆破。
國弱不知國勢危，猶圖敵大將傷挫。

海內之地，方千里者九，齊集有其一；以一服八，何以異於鄒敵楚哉！蓋亦反其本矣。」

「今王發政施仁，

使天下仕者皆欲立於王之朝，耕者皆欲耕於王之野，商賈皆欲藏於王之市，行旅皆欲出於王之塗；

天下之欲疾其君者，皆欲赴愬於王。

其若是，孰能禦之！」

海內九州山與河，齊邦九一未加多。
如待一份來征八，不啻鄒攻楚動戈。

既欲完成茲大業，應回王道尋方法。
王如布政以施仁，天下人心遐邇洽。

仕皆願立紫宸班，耕者愛耘王畝間。
商賈欲藏王市場，行人悉喜旅齊關。

四方民怨其君腐，皆集王前來訴苦。
天下人群悉願歸，誰能抵禦王恩普？

王曰：「吾惛不能進於是矣。願夫子輔吾志，明以教我。我雖不敏，請嘗試之。」曰：「無恒產而有恒心者，惟士為能。若民則無恒產，因無恒心。苟無恒心，放僻邪侈，無不為已。及陷於罪，然後從而刑之，是罔民也。焉有仁人在位，罔民而可為也！是故，明君制民之產，

寡人神志頗沉迷，誠恐箴言難日躋。
夫子其依吾志向，殷勤指點試思齊。
寡人不敏無才智，也願誠心而一試。
恆產毫無卻久持，青衿方有恆心志。
如民恆產沒分毫，放蕩淫邪恣自豪。
犯罪方才施重罰，多人蹈網入監牢。
焉有仁君安社稷，罔民入罪無慚惕。
賢君制定庶民財，務必民咸樂居適。

必使仰足以事父母，俯足以畜妻子；樂歲終身飽，凶年免於死亡。然後驅而之善，故民之從之也輕。今也制民之產，仰不足以事父母，俯不足以畜妻子；樂歲終身苦，凶年不免於死亡。此惟救死而恐不贍，奚暇治禮義哉！」「王欲行之，則盍反其本矣。」「五畝之宅，樹之以桑，五十者可以衣帛矣。

必使雙親兒女耽，豐收年歲樂旨甘。
兇年可免身亡苦，然後烝民可善參。
故民心服教無擾，今制人民財產少。
仰愧雙親孝事違，俯難善畜妻兒小。
豐年累苦賦征催，饑歲逢蝗水旱災。
救死時間猶不贍，無暇義禮唱南陔。
今王意欲行仁政，須必回王基本性。
五畝園庭遍植桑，年超五十穿綢靚。

雞豚狗彘之畜，無失其時，七十者可以食肉矣。百畝之田，勿奪其時。八口之家可以無飢矣。

謹庠序之教，申之以孝悌之義，頒白者不負戴於道路矣。

老者衣帛食肉，黎民不飢不寒；然而不王者，未之有也！」

畜禽繁育合時僉，肉類古稀能飽猒驗。
耕作井田時勿役，農家八口飽安恬。
端莊辦學宜嚴密，孝悌經常能證實。
頒白老人行道途，無須負重心悲慄。
耆年衣帛食珍肴，百姓無寒萬慮拋。
若是明君猶不王，尚書洪範豈徒譊！

梁惠王下篇

一、與民同樂章

莊暴見孟子曰：「暴見於王，王語暴以好樂，暴未有以對也。」曰：「好樂何如？」孟子曰：「王之好樂甚，則齊國其庶幾乎！」

他日，見於王曰：「王嘗語莊子以好樂，有諸？」王變乎色

齊臣莊暴見軻商：暴數天前謁見王，
王語暴云渠好樂。當時暴未便雌黃。
王云渠愛聽音樂，天挺豪雄才卓犖。
孟曰吾王愛樂深，齊邦大約能騰踔。
無何孟子見王詢：王語莊云好五音，
是否吾王真若此？宣王色變愧何深。

曰：「寡人非能好先王之樂也，直好世俗之樂耳。」

曰：「王之好樂甚，則齊其庶幾乎！今之樂，由古之樂也。」

曰：「可得聞與？」曰：「獨樂樂，與人樂樂，孰樂？」

曰：「不若與人。」曰：「與少樂樂，與眾樂樂，孰樂？」曰：「不若與眾。」

「臣請為王言樂。今王鼓樂於此，百姓聞王鐘鼓之聲，管籥之音，舉疾首蹙頞而相告曰：

先王古樂誠幽雅，惟我偏憐音樂野。
故愛傾聽世俗歌，魂牽夢引誠難捨。

吾王嗜樂出天然，齊國前途必實堅。
今日流行鐘鼓樂，猶如古樂巧重編。

高明道理希明示。音樂只吾王獨嗜，
抑或旁人也賞欣？以何方式為風致？

不如與友共盤桓。少數同歡與眾歡，
方式如何為最妙？當然與眾地天寬。

容臣將樂為分析，經此吾王吹奏擊。
百姓聽王鍾管音，愁眉苦臉相言慼：

『吾王之好鼓樂，夫何使我至於此極也！父子不相見，兄弟妻子離散。』今王田獵於此，百姓聞王車馬之音，見羽旄之美，舉疾首蹙頞而相告曰：『吾王之好田獵，夫何使我至於此極也！父子不相見，兄弟妻子離散。』此無他，不與民同樂也。今王鼓樂於此，百姓聞王鐘鼓之聲，管籥之音，舉欣欣然有喜色而相告曰：『吾王庶幾無疾病與？何以能鼓樂也？』

吾王鼓樂管絃功，竟使黎民受苦窮。
父母兒孫皆四散，雙飛夫婦各西東！
王今打獵臨高趾，民辨車音瞻旆美。
苦臉愁眉吐嘆音：夫何使我悲如此！
父子逃生必別離，夫妻兄弟各分飛。
由於音樂王孤享，百姓貧窮意緒違。
今王經此吹彈奏，黎庶聞王鐘管後。
欣喜言王體健康，因能鼓樂蒙天祐。

今王田獵於此，百姓聞王車馬之音，見羽旄之美，舉欣欣然有喜色而相告曰：『吾王庶幾無疾病與？何以能田獵也？』

王今田獵過通逵，蔽地遮天卓麗旗。
喜上眉梢民祝慶：王能狩獵必身怡。

此無他，與民同樂也。今王與百姓同樂，則王矣。」

由於有樂同民享，民眾與王同一黨。
故若與民享樂同，即能天下歸王掌。

二、論王囿章

齊宣王問曰：「文王之囿，方七十里，有諸？」孟子對曰：「於傳有之。」曰：「若是其大乎？」

齊宣問囿話文王：七十里方疑失常。
孟子回言於傳有。如斯之大恐誇張。

曰：「民猶以為小也。」曰：「寡人之囿，方四十里，民猶以為大，何也？」

曰：「文王之囿，方七十里。芻蕘者往焉。雉兔者往焉。與民同之。民以為小，不亦宜乎？

臣始至於境，問國之大禁，然後敢入。臣聞郊關之內，有囿方四十里，殺其麋鹿者，如殺人之罪。則是方四十里，為阱於國中，民以為大，不亦宜乎？」

民猶怨小難增美。我囿丈量方卌里，
民眾傳言太廣寬，不知究竟何歪理。
文王囿里七零方，日夕樵蘇樂往裝。
捉兔獵雉俱可入，人民嫌小自應當。
臣初到達齊邊地，問過何方須顧忌。
然後心寬敢入齊，聞言王囿須迴避。
方圓卌里囿園中，殺鹿宰人其罪同。
不啻國中陳陷阱，人民嫌大理能通。

三、齊宣王問交鄰國章

齊宣王問曰：「交鄰國，有道乎？」

孟子對曰：「有。惟仁者能以大事小。是故湯事葛，文王事昆夷。惟智者為能以小事大，故大王事獯鬻，句踐事吳。以大事小者，樂天者也；以小事大者，畏天者也。樂天者保天下，畏天者保其國。

問交鄰國有無方？確有心仁之國王。
能以自身之大國，偏朝小國獻濃香。
商湯事葛聲磅礡，西伯對昆夷籠絡。
小事大都為智君，太王事北方獯鬻。
事吳勾踐慶回旋，大事小邦為樂天。
小會畏天方事大，逢強不犯保安全。
樂天則喜觀天理，海內當由渠掌璽。
畏敬皇天是哲人，猶能保住其宗祀。

詩云：『畏天之威，于時保之。』」王曰：「大哉言矣，寡人有疾，寡人好勇。」

對曰：「王請無好小勇。夫撫劍疾視曰：『彼惡敢當我哉！』此匹夫之勇，敵一人者也。王請大之。

詩云：『王赫斯怒，爰整其旅，以遏徂莒，以篤周祜，以對于天下。』此文王之勇也。文王一怒，而安天下之民。書曰：

詩云畏上帝嚴威，天命方能守不違。
王曰高言誠遠達，惟吾罹好勇之非。

希王小勇須迴避，按劍橫眉言放恣：
誰敢攔吾力拔山！匹夫只敵單人次。

詩經大雅密無恭：侵阮徂共三附庸。
王怒徵兵來阻密，以增周福答民雍。
文王表現誠真勇，一怒遂招天下擁。
姬發書經泰誓詞，迄今猶獲人民捧。

天降下民，作之君，作之師。惟曰：其助上帝，寵之四方；有罪無罪，惟我在。天下曷敢有越厥志。一人衡行於天下，武王恥之。此武王之勇也。而武王亦一怒而安天下之民。今王亦一怒而安天下之民，民惟恐王之不好勇也。」

上天愛護世間人，為立君王治子民。
且作人師弘教化，惟云輔帝祥能臻。
君民有或無辜孽，有我誰還能狡黠？
暴虐獨夫欺下民，武王消恥興師滅。
此蓋武王之勇端，武王一怒九州安。
王如一怒安天下，民欲王無勇也難。

四、雪宮章

齊宣王見孟子於雪宮。王曰：「賢者亦有此樂乎？」孟子對曰：

宣王孟子雪宮娛，王曰賢人樂此乎？
與樂民同真是樂，孤單享樂樂如無。

「有。人不得，則非其上矣。不得而非其上者，非也；為民上，而不與民同樂者，亦非也。

樂民之樂者，民亦樂其樂，憂民之憂者，民亦憂其憂。

樂以天下，憂以天下；然而不王者，未之有也。

昔者齊景公問於晏子曰：『吾欲觀於轉附朝儛，遵海而南，放於琅邪；吾何修而可以比於先王觀也？』

烝民君主不同享，議論常非其君長。
非議其君固不該，其君也勿孤家賞。

平民歡樂上同謳，庶眾憂愁君亦愁。
庶眾之憂王感受，君王有悶庶民憂。

君王快樂由民樂，國主憂愁由庶剢。
若此猶非天下主，從來未有斯因數。

昔齊景問我望希：轉附朝儛觀景奇，
遵海遊琅琊地域。如何可比聖王熙？

晏子對曰：『善哉問也！天子適諸侯曰巡狩。巡狩者，巡所守也。諸侯朝於天子曰述職；

述職者，述所職也。無非事者。

春省耕而補不足，秋省斂而助不給。

夏諺曰：吾王不遊，吾何以休？吾王不豫，吾何以助？一遊一豫，為諸侯度。

今也不然：師行而糧食，飢者弗食，勞者弗息。

晏嬰對曰話佳最，天子不辭巡狩累。
述職諸侯覲聖顏，容臣解析其精義：

諸侯所守地須巡，面聖詳將職事陳。
二者往來皆正事，先賢往聖動機純。

春天親視民耕土，助添鐮犁農具組。
秋察農民收穫忙，餱糧不足須提補。

夏朝諺對帝王謳：王若無遊我不休，
王若無巡吾受饉，遊巡示範給諸侯。

如今列國非前式，君主興師遙遠陟。
百姓存糧一掃光，黎民飢餓兵無息。

睊睊胥讒，民乃作慝。方命虐民，飲食若流。

流連荒亡，為諸侯憂。

從流下而忘反，謂之流。從流上而忘反，謂之連。

從獸無厭，謂之荒。樂酒無厭，謂之亡。

先王無流連之樂，荒亡之行。惟君所行也。』

官員動輒便讒睋，百姓行偏惡事多。
君棄先王祥瑞命，虐民牛飲若流波。
縱欲流連迷亂慣，諸侯小國遭憂患。
是非嚴重說分明，王請自行斟酌辨。
流須順水隨波走，連乃牽舟逆水航。
皆是酣歡忘返路，當然最後必淪亡。
荒為逐獸禽無止，政事當然全廢弛。
亡乃由於酒入迷，因之國命喪亡矣。
王先雖樂不流連，未惹荒亡兩罪愆。
明智吾君今古判，望能選擇不遲延。

景公說，大戒於國，

出舍於郊，於是始興發，補不足。

召太師曰：『為我作君臣相說之樂。』

蓋徵招角招是也。其詩曰：

「『畜君何尤？』畜君者，好君也。」

景公聽罷心愉悅，計畫開倉幫庶孽。

鰥寡貧窮統計知，寬援孤苦肢殘缺。

離城出舍住郊庵，示與平民共苦甘。

開始行仁施廩賑，深憐耄耋缺丁男。

景公召太師云課：今我君臣相互悅。

煩爾精心作樂章，專能紀念良辰佐。

太師奉命作雙招，柔婉角招沖九霄。

嘹喨徵招何慷慨，歌詩有句瑞因昭：

王慾無邊須阻遏，何能加罪希王警。

由於遏阻國君非，原是愛君忠語鯁。

五、問明堂章

齊宣王問曰：「人皆謂我毀明堂。毀諸？已乎？」

孟子對曰：「夫明堂者，王者之堂也。王欲行王政，則勿毀之矣！」

王曰：「王政可得聞與？」對曰：「昔者文王之治岐也，耕者九一，仕者世祿，

關市譏而不征，澤梁無禁，罪人不孥。

宣王問我國明堂，是否拆除須酌量。
雖有眾人頻建議，毀諸或否費平章。

孟子回言堂殿美，諸侯觀聖王於此。
周王巡狩縱然無，王政欲行留勿毀。

請言王政與吾知。昔者文王治理岐，
田課九分之一賦。官薪世襲使無饑。

市關察問非征稅，瀦澤設梁無禁制。
犯罪其刑止自身，無關妻女兒孫裔。

老而無妻曰鰥，老而無夫曰寡，老而無子曰獨，幼而無父曰孤，此四者，天下之窮民而無告者。文王發政施仁，必先斯四者。詩云：『哿矣富人，哀此煢獨。』」

王曰：「善哉言乎！」曰：「王如善之，則何為不行？」王曰：「寡人有疾，寡人好貨。」

對曰：「昔者公劉好貨。詩云：『乃積乃倉，乃裹餱糧。于橐于囊，思戢用光；

孤為稚幼父亡軀，獨指年高兒子無。
鰥係無妻年已邁，寡雖高壽惜無夫。
文王發令施仁諾，先顧窮民斯四弱。
小雅明言富足兮，哀斯孤苦依無著。
王云此理善佳哉。王既能將道理抬，
何故如今無實踐？寡人好貨病難回。
公劉在昔財真鉅。大雅言渠倉滿貯，
乃裹乾糧入橐囊。心思集眾光基礎。

弓矢斯張，干戈戚揚，爰方啟行。』故居者有積倉，行者有裹糧也，然後可以爰方啟行。

王如好貨，與百姓同之，於王何有？」

王曰：「寡人有疾，寡人好色。」對曰：「昔者大王好色，愛厥妃。詩云：『古公亶父，來朝走馬；率西水滸，至於岐下；爰及姜女，聿來胥宇。』當是時也，內無怨女，外無曠夫；

干戈弓箭練艱辛，斧鉞隨身去地新。
是故住民倉積滿，裹糧爰起往居豳。

王如好貨公劉頌，享受僅須能得眾。
欲想稱王統九州，當無艱困圓佳夢。

惟余好色病魔縈。好色太王斯著名，
大雅緜篇能佐證。古公亶父博佳評。
避開北狄無情辱，馳馬翌晨先日旭。
沿漆沮邊岐下停，與妃細察何方沃。
當時到達適婚齡，少女皆能嫁壯丁。
男子專疼賢內助，祥和社會甚安寧。

王如好色，與百姓同之，於王何有？」

六、王臣託妻章

孟子謂齊宣王曰：「王之臣，有託其妻子於其友，而之楚遊者。比其反也，則凍餒其妻子，則如之何？」

王曰：「棄之。」曰：「士師不能治士，則如之何？」王曰：「已之。」

曰：「四境之內不治，則如之何？」

王顧左右而言他。

吾王好色無須惱，學習太王行古道。
烝庶成年悉結婚，稱王宇內人人禱。

王臣赴楚啟程初，託友照應妻起居。
返見其妻挨凍餓，吾王高見究何如？

王云此後交情斷。對下士師無力管，
王意如何處置渠？王云免職依條款。

家邦四境亂聞多，未悉吾王究若何？
此問宣王難答語，顏看左右且言他。

七、故國章

孟子見齊宣王曰：「所謂故國者，非謂有喬木之謂也，有世臣之謂也，王無親臣矣。昔者所進，今日不知其亡也。」王曰：「吾何以識其不才而舍之？」曰：「國君進賢，如不得已，將使卑踰尊，疏踰戚，可不慎與？

康強古國者云何？非謂高山喬木多。
乃係世臣功累代，王無親信失人和。
多人昔日來官處，今已不知何處所。
王曰大凡亡去人，皆無才智遑云謂。
吾初誤用甚無知，現既亡離不可追。
嗣後如何知取捨，惟希夫子示機宜。
才德兼之賢美矣，惟須謹慎知臧否。
卑超尊貴遠踰親，悉是惟賢非得已。

左右皆『曰賢』，未可也。諸大夫皆曰『賢』，未可也。國人皆曰『賢』，然後察之。見賢焉，然後用之。

左右皆曰『不可』，勿聽。諸大夫皆曰『不可』，勿聽；國人皆曰『不可』，然後察之。見不可焉，然後去之。

左右皆曰『可殺』，勿聽。諸大夫皆曰『可殺』，勿聽。國人皆曰『可殺』，然後察之。見可殺焉，然後殺之。

故曰：『國人殺之』也。如此，然後可以為民父母。」

左右云賢猶未可，大夫曰善亦無聽。
人民悉曰賢方察，見確賢才攬入廷。

左右云貪照舊留，大夫曰爛依然默。
民皆曰蠹不開除，見確如斯方免職。

左右云誅偏不殺，大夫曰殺暫無拘。
民皆恨透猶留命，確切詳勘始判誅。

不是王能恣責咎，殺渠可說隨民吼。
王須一切順人民，如此能為民父母。

八、湯放桀章

齊宣王問曰：「湯放桀，武王伐紂，有諸？」孟子對曰：「於傳有之。」

曰：「臣弒其君，可乎？」

曰：「賊仁者謂之賊，賊義者謂之殘；殘賊之人，謂之一夫。聞誅一夫紂矣。未聞弒君也。」

王詢放桀者商湯，周武親征殷紂王。
二事為真還是偽？孟軻曰傳不雌黃。
桀紂為君民仰止，商湯周武皆臣子。
君臣地位古無疑，臣為弒君何有理？
毀仁之道稱為賊，賊義之人乃曰殘。
仁賊義殘而眾叛，一夫之罪不能刊。
武王仁議原無咎，聞去一夫名曰紂。
歷史文書悉讚揚，弒君之語焉能有。

九、見齊宣言為巨室章

孟子見齊宣王曰：「為巨室，則必使工師求大木。工師得大木，則王喜，以為能勝其任也。匠人斲而小之，則王怒，以為不勝其任矣。

夫人，幼而學之，壯而欲行之，王曰：『姑舍女所學而從我。』則何如？

今有璞玉於此，雖萬鎰，必使玉人雕琢之。至於治國家，則曰：『姑舍女所學而從我。』則何以異於教玉人雕琢玉哉！」

工師建殿來良木，王喜料渠能築厝。
削細宜王怒火升，知渠不克勝其務。

良臣幼學致昇平，壯大為官擬實行。
王曰須從吾意作，先前所學必丟清。

恰如璞玉真超卓，萬鎰黃金彫琢樂。
治國王云照我為，乃教玉匠如何琢。

十、齊人伐燕章

齊人伐燕，勝之。宣王問曰：「或謂寡人勿取，或謂寡人取之。以萬乘之國，伐萬乘之國，五旬而舉之，人力不至於此；不取，必有天殃，取之，何如？」孟子對曰：「取之而燕民悅，則取之。古之人有行之者，武王是也。取之而燕民不悅，則勿取。古之人有行之者，文王是也。

伐燕初勝故王詢：或有人言切勿吞。
亦或人云當合併，皆憑意氣未深論。
齊國兵車臻萬乘，燕邦萬乘軍相稱。
攻燕五十日成功，人力何能為此勝？
吾如不取懼天殃，究竟如何難主張。
佔據燕民如許悅，當然佔領不慚惶。
文王不取高超矣，滅紂武王民讚美。
佔領如燕民不歡，班師以獲燕民喜。

以萬乘之國，伐萬乘之國，簞食壺漿以迎王師，豈有他哉，避水火也；如水益深，如火益熱，亦運而已矣。」

十一、救燕章

齊人伐燕，取之。諸侯將謀救燕。宣王曰：「諸侯多謀伐寡人者，何以待之？」

孟子對曰：「臣聞七十里為政於天下者，湯是也。未聞以千里畏人者也。

兵車萬乘伐燕行，簞食壺漿百姓迎。
豈有其他私意念，原為避水火交征。
但如大水掩無度，火熱焚燒尤可怖。
民眾當然失望深，惟能轉向求生路。

攻燕齊國佔全燕，列國聲援策劃連。
事急宣王詢孟子：如何能夠制機先？
江山七十餘方里，竟可君臨天下矣。
乃是商湯古聖王，未聞千里虞攻理。

書曰：『湯一征，自葛始，天下信之，東面而征西夷怨，南面而征北狄怨。曰：奚為後我？』民望之，若大旱之望雲霓也。歸市者不止，耕者不變，誅其君而弔其民，若時雨降，民大悅。書曰：『徯我后，后來其蘇。』」「今燕虐其民，王往而征之。民以為將拯己於水火之中也，簞食壺漿以迎王師。若殺其父兄，係累其子弟，毀其宗廟，遷其重器，如之何其可也！

書經仲虺錦文褒：湯一專征滅葛驕。
東伐而西夷抱怨，南征而北狄求朝。
誅暴是為民翦害，猶如時雨穿雲沛。
書經誥曰待吾王，苦海脫離群眾泰。
如今燕國虐民真，齊國興師往救民。
燕眾以為能拯救，壺漿簞食勞王辛。
但若齊誅燕父老，係俘子弟搬其寶。
毀其宗廟不留情，大失民心無所禱。

天下固畏齊之彊也。今又倍地，而不行仁政，是動天下之兵也。王速出令：反其旄倪，止其重器；謀於燕眾，置君而後去之，則猶可及止也。」

諸侯固懼我齊強，今見齊邦倍土疆。卻不施行仁惠政，因將動武見欃槍。王宜釋俘示寬宥，寶器留燕昭愧疚。為立新君後撤離，如斯可止諸侯救。

十二、鄒與魯鬨章

鄒與魯鬨。穆公問曰：「吾有司死者三十三人，而民莫之死也，誅之則不可勝誅，不誅，則疾視其長上之死而不救。如之何則可也？」

魯鄒戰鬥起糾紛，鄒穆公詢孟子云。戰死卅三官與吏，人民效死未曾聞。依情應殺難容忍，只覺人多誅不盡。疾視官亡不救援，如何處理方公允。

孟子對曰：「凶年饑歲，君之民，老弱轉乎溝壑，壯者散而之四方者，幾千人矣。

而君之倉廩實，府庫充，有司莫以告，

是上慢而殘下也。曾子曰：『戒之！戒之，出乎爾者，反乎爾者也。』

夫民今而後得反之也，君無尤焉。

君行仁政，斯民親其上，死其長矣。」

對曰嘗逢饑饉年，黎民老弱死亡連。
填於溝壑難勝數，力壯逃亡有幾千。

吾君府庫偏充實，倉廩存糧盈復溢。
官吏真情未稟君，災民痛苦無賙卹。

是為上慢對君瞞，不啻人民受害殘。
曾子曾言須謹慎，為非終必受譏彈。

平民認為官糟透，方獲機緣堅不救。
此固尋常群眾心，吾君切勿加追究。

吾君仁政若推行，百姓官員自暱親。
一旦邦家生急事，救君拚死必忘身。

十三、滕文公與孟子對話之一章

滕文公問曰：「滕，小國也，間於齊楚，事齊乎？事楚乎？」孟子對曰：「是謀，非吾所能及也。無已，則有一焉。鑿斯池也，築斯城也。與民守之，效死而民弗去，則是可為也。」

滕邦甚小楚齊間，服事齊乎向楚攀？
是項圖謀非我及，楚齊擇一似難艱。
臨斯無已如何好？僅有變通之一道。
鑿護城河使益深，城牆加厚成堅堡。
偕民堅守氣淩空，獲得民心悉認同。
必不棄城逃外地，凜然可奏厥膚功。

十四、滕文公與孟子對話之二章

滕文公問曰：「齊人將築薛，吾甚恐，如之何則可？」

孟子對曰：「昔者，大王居邠，狄人侵之，去之岐山之下居焉。非擇而取之，不得已也。

苟為善，後世子孫必有王者矣。君子創業垂統，為可繼也。若夫成功，則天也。

君如彼何哉！彊為善而已矣。」

齊人將築薛城牆，威脅滕邦我恐惶。
情勢如斯難對付，故須夫子賜良方。
太王昔本居邠地，北狄南侵宜退避。
率眾岐山下以居，情非得已非豪恣。
苟為善傲太王風，後裔稱王必奏功。
君子建基傳後世，成功與否仗天公。
君心淡泊觀齊變，只有隨時將善奠。
並勉兒孫繼續行，因持仁義蒙天眷。

十五、滕文公與孟子對話之三章

滕文公問曰：「滕，小國也，竭力以事大國，則不得免焉，如之何則可？」

孟子對曰：「昔者大王居邠，狄人侵之，事之以皮幣，不得免焉。事之以犬馬，不得免焉。事之以珠玉，不得免焉。乃屬其耆老而告之曰：『狄人之所欲者，吾土地也。

滕為小國少黔黎，竭力真心事楚齊。不免隨時遭襲伐，如何應付免沉迷？

太王先日居邠域，北狄釁南常迫逼。奉獻幣皮依舊擾，加添犬馬侵無息。

事之珠玉擾如前，糾合耆英而誥宣。北狄原來需土地，吾將被迫即他遷。

吾聞之也：君子不以其所以養人者害人。二三子何患乎無君！我將去之。』去邠，踰梁山，邑於岐山之下居焉。邠人曰：『仁人也，不可失也。』從之者如歸市。

或曰：『世守也，非身之所能為也，效死勿去。』君請擇於斯二者。」

十六、魯平公章

魯平公將出，嬖人臧倉者請曰：「他日君出，則必命有司所之；

吾聞君子有無奈，以物養人須避害。
似我之人處處多，諸公勿患無君賴。
去邠避狄越梁山，邑擇岐山山下焉。
邠眾惟恐仁者失，隨如歸市不遷延。
也有人云吾土地，祖先遺下何能棄！
縱然效死也無離，二策君宜挑合意。

魯公欲出何怱怱，近嬖臧倉忽問公。
往日君先將去處，通知執事後離宮。

今乘輿已駕矣，有司未知所之，敢請。」
公曰：「將見孟子。」
曰：「何哉？君所為輕身以先於匹夫者。以為賢乎？禮義由賢者出，而孟子之後喪踰前喪，君無見焉！」
公曰：「諾。」樂正子入見，曰：「君奚為不見孟軻也？」曰：「或告寡人曰：孟子之後喪踰前喪，是以不往見也。」曰：「何哉？君所謂踰者，前以士，後以大夫，前以三鼎，而後以五鼎與？」

如今車馬皆屏當，執事未知君意向。
冒昧容臣問一聲，公云孟子吾將訪。
緣何君竟自輕身，往訪平庸老庶民！
渠辨母喪雖鄭重，踰前喪禮豈賢人？
公云諾後車無啟，樂正子入詢究柢：
不見孟軻是底因？後喪怎可逾前禮？
寡人故往不躬親。然則逾前有本因。
後係大夫前乃士，鼎三鼎五後先陳。

曰：「否。謂棺槨衣衾之美也。」曰：

「非所謂踰也，貧富不同也。」

樂正子見孟子曰：

「克告於君，君為來見也，嬖人有臧

倉者沮君，君是以不果來也。」

曰：「行或使之。止，或尼之，行止，

非人所能也。吾之不遇魯侯，天也。

臧氏之子，焉能使予不遇哉！」

實因棺槨衾衣美。後富前貧之故耳。

與所謂逾風馬牛。旋歸孟子言原委。

克將夫子介君評，君備車騶欲啟程。

嬖佞臧倉偏阻止，魯君因此不成行。

其來自有人傳達，其止有人偏阻遏。

天意宜余不見君，臧倉豈可能裁奪！

公孫丑上篇

一、當路於齊章

公孫丑問曰：「夫子當路於齊，管仲、晏子之功，可復許乎？」

孟子曰：「子，誠齊人也，知管仲、晏子而已矣！或問乎曾西曰：『吾子與子路孰賢？』

曾西蹵然曰：『吾先子之所畏也。』曰：『然則吾子與管仲孰賢？』曾西艴然不悅，

公孫丑問我師賢，若在齊邦掌政權。
管仲晏嬰之事業，能否重振達峯顛？
子誠內外齊人耳，知管晏功而已矣。
或問曾西騤語云：君同子路誰賢美？
曾西跼蹐答其詢：子路先嚴所敬人。
管仲與君孰賢哲？曾西恚怒氣難湮。

曰：『爾何曾比予於管仲！管仲得君，如彼其專也，行乎國政，如彼其久也，功烈如彼其卑也。爾何曾比予於是！』」

曰：「管仲，曾西之所不為也，而子為我願之乎？」曰：「管仲以其君霸，晏子以其君顯。

管仲、晏子猶不足為與？」曰：「以齊王由，反手也。」

曰：「若是，則弟子之惑滋甚！且以文王之德，百年而後崩，猶未洽於天下。

緣何舉管同余比？管仲得君專信倚。
政令推行久且長，堪憐功業何其鄙。

曾西不齒管之為，子以余心願若斯？
管仲襄君能逞霸，晏嬰使國復榮熙。

晏嬰管仲憑才智，豈尚低於師本意？
齊具雄強王九州，當如反掌超容易。

聞師所述惑增加，況復文王德行嘉。
直到期頤崩逝際，未能教化九州遐。

武王、周公繼之，然後大行。今言王若易然，則文王不足法與？」

曰：「文王何可當也？由湯至於武丁，賢聖之君六七作；天下歸殷久矣，久則難變也。

武丁朝諸侯有天下，猶運之掌也。紂之去武丁，未久也。其故家遺俗，流風善政，猶有存者。

又有微子、微仲、王子比干、箕子、膠鬲，皆賢人也，

武王周旦繼其業，遠志方能前後洽。
王道今言容易為，文王寧不足師法？

文王怎可比經營？湯至武丁朝政明。
六七賢君遺愛久，既經長久故難更。

武丁悉意諸侯見，恍若手心隨意轉。
到紂時間未久長，流風善俗猶堪羨。

功臣後代受人尊，政治清廉多惠恩。
膠鬲比干箕子在，更兼啟仲尚猶存。

相與輔相之；故久而後失之也。尺地莫非其有也。一民莫非其臣也。然而文王猶方百里起，

是以難也。齊人有言曰：『雖有智慧，不如乘勢；雖有鎡基，不如待時。』

今時則易然也。夏后、殷、周之盛，地未有過千里者也，而齊有其地矣。雞鳴狗吠相聞，而達乎四境。而齊有其民矣。

地不改辟矣，民不改聚矣。行仁政而王，莫之能禦也！

良臣輔紂原長久，尺地莫非其所有。
黎庶皆為渠隸臣，文王百里瞠乎後。
推行王道戛難哉，齊國箴言金石開：
秉智不如機會握，持鋤必得待時來。
今時較昔誠容易，千里王畿三代冀。
何止齊疆千里盈，雞鳴犬吠聲胥暨。
人民望治欠東風，施義行仁易奏功。
機會難逢須把握，莫之能禦趁時空。

且王者之不作，未有疏於此時者也；民之憔悴於虐政，未有甚於此時者也。飢者易為食，渴者易為飲。孔子曰：『德之流行，速於置郵而傳命。』

當今之時，萬乘之國，行仁政，民之悅之，猶解倒懸也。故事半古之人，功必倍之，惟此時為然。」

且夫王者今時泯，憔悴黎民望治甚。
肚餓腸飢易飽餐，唇乾舌燥無挑飲。
道德行為感化鎔，流行迅速過郵蹤。
先師孔子之言也，一剎良機千載逢。
萬乘國家仁政灑，人民似倒懸能解。
當今事半倍其功，遠較古人收效夥。

二、加齊之卿相章

公孫丑問曰：「夫子加齊之卿相，得行道焉，

公孫丑問替師謀，若果能成卿相儔。
遂可放心行大道，齊邦由是霸諸侯。

繼由此霸王不異矣。如此，則動心否乎？」

孟子曰：「否。我四十不動心。」曰：「若是，則夫子過孟賁遠矣？」

曰：「是不難，告子先我不動心。」

曰：「不動心有道乎？」曰：「有。北宮黝之養勇也，

不膚撓，不目逃，

思以一毫挫於人，若撻之於市朝。不受於褐寬博，亦不受於萬乘之君。視刺萬乘之君，若刺褐夫。

進遂霸王而不異，誠為水到渠成事。
如斯夫子動心無？外物來時能否避？
孟子回言我不為，我心不惑卌齡時。
誠然若此如言勇，超越孟賁無足奇。
告子先余心握把，因知此事非難也。
使心不動法如何？有姓北宮名黝者。
心能不動勇之顛，膚受刺兮無縮焉。
目刺激兮能不避，渠之方法顯無備。
一毫苟若遭人掠，不啻當街遭擊搏。
不受淩於萬乘君，無殊不受卑民虐。

無嚴諸侯，惡聲至，必反之。
孟施捨之所養勇也，曰：『視不勝猶勝也。量敵而後進，慮勝而後會，是畏三軍者也。舍豈能為必勝哉，能無懼而已矣。』
孟施捨似曾子，北宮黝似子夏。夫二子之勇，未知其孰賢。然而孟施捨守約也。

認為刺萬乘身軀，猶若刺貧民褐夫。不畏諸侯權勢大，惡聲至耳必攖誅。
孟施舍勇言精練：勇往直前余作戰。勝敗從來不顧身，敗猶勝利皆堪羨。
事先量敵實虛明，必勝謀成後出兵。是畏敵強何可勝，無非怯畏懼心情。
孟施求己似曾參，北黝對人如子夏。論勇未知誰較賢，孟施把握其綱架。

昔者曾子謂子襄曰：『子好勇乎？吾嘗聞大勇於夫子矣。自反而不縮，雖褐寬博，吾不惴焉。自反而縮，雖千萬人，吾往矣。』孟施舍之守氣，又不如曾子之守約也。」曰：「敢問夫子之不動心，與告子之不動心，可得聞與？」

「告子曰：『不得於言，勿求於心；不得於心，勿求於氣。』

曾參嘗謂子襄云：子好勇乎吾願聞。
孔子從前談大勇：先須自我省殷勤。
如吾之理真非直，面對粗衣吾懼恧。
反省如吾理不歪，敵雖千萬吾前殛。
孟施守氣保其身，固遜曾參理奉遵。
告子與師心不動，有何差異請鉤陳。

吾聞告子言心肺：苟若其人談吐悖。
必會留神不曲從，無論善惡渠心態。
余如不滿彼心涵，縱使渠之口氣甘。
必會當然予不理。容余分析作詳參。

不得於心，勿求於氣，可；
不得於言，勿求於心，不可。

夫志，氣之帥也。氣，體之充也。夫志，至焉；氣，次焉。故曰：『持其志，無暴其氣。』」

「既曰：『志至焉，氣次焉。』又曰：『持其志，無暴其氣』者，何也？」

曰：「志壹則動氣，氣壹則動志也。

雖然不動心如此，意氣昂揚常悖理。
不滿存心為免詛，遠離巧言猶為美。

歉難接受語如花，不問對方心正邪。
或有仁心孤負掉，故渠道理有偏差。

氣軀受志指揮同，志到何方氣景從。
故我今言須握志，同時勿擾氣涵容。

志虔志氣隨居次，握志緣何休擾氣？
志在專時氣受牽，氣專則志隨之毅。

今夫蹶者、趨者，是氣也，而反動其心。」
「敢問夫子惡乎長？」曰：「我知言，
我善養吾浩然之氣。」「敢問何謂浩
然之氣？」曰：「難言也。其為氣也，
至大至剛，
以直養而無害，則塞於天地之間。其
為氣也，配義與道，
無是餒也。
是集義所生者，非義襲而取之也。

跑跳皆為氣現多，心因氣動不偏頗。
師尊長在何方面？分析人言善揣摩。

浩然之氣吾歡養。浩氣如何請論讜？
此氣頗難細說明，至剛至大憑推想。

正常方法維護難，不妄加之以害殘。
即會充填全宇宙，配加義與道方安。

道為天理須加義，必使浩然之氣熾。
缺則堪憐浩氣銷，驚天動地聲威墜。

氣為集義所生霖，探討其原自內心。
正義構成從我心，並非來自外搜尋。

行有不慊於心，則餒矣。我故曰，告子未嘗知義，以其外之也。

必有事焉而勿正，心勿忘，勿助長也。

無若宋人然。宋人有閔其苗之不長而揠之者。芒芒然歸，謂其人曰：『今日病矣，予助苗長矣。』其子趨而往視之，苗則槁矣。

天下之不助苗長者寡矣。以為無益而舍之者，不耘苗者也。助之長者，揠苗者也。非徒無益，而又害之。」

行為有愧於心後，浩氣隨之朝外漏。
告子何嘗懂義源，以為從外而來授。

養浩然氣要經常，不可心中一刻忘。
切勿嫌其生長慢，幫其速長返成殃。

無如宋國農人莽，為要秧苗超快長。
遂把秧苗全拔高，忙歸謂病無冤枉。

身雖甚累但成功，幫助秧苗衝碧空。
其子晨趨田地視，秧成枯草列千叢。

不為助長如稀客，誤認養培無助益。
是不耘苗之懶夫，翻之助長秧尤劇。

「何謂知言？」曰：「詖辭知其所蔽，淫辭知其所陷，邪辭知其所離，遁辭知其所窮。生於其心，害於其政；發於其政，害於其事。聖人復起，必從吾言矣。」

「宰我、子貢，善為說辭；冉牛、閔子、顏淵，善言德行；孔子兼之，曰：『我於辭命，則不能也。』然則夫子既聖矣乎？」曰：「惡，是何言也！昔者子貢問於孔子曰：『夫子聖矣乎？』

如何知曉別人言？詖語能知受蔽藩。
淫語知其心墮落。邪辭顛倒道無存。
遁辭吾識其虧欠，治國心生茲四念。
害政行狂事敗傷，聖人若活從吾驗。

宰予子貢銳辭精，閔冉顏回德行勝。
孔子兼長茲二者，卻言辭命我非能。
吾師已聖然乎否？此語何能由汝口！
子貢曾詢孔子云：聖哉夫子瞻無偶？

子曰：『聖則吾不能。我學不厭而教不倦也。』子貢曰：『學不厭，智也。教不倦，仁也。仁且智，夫子既聖矣！』夫聖，孔子不居，是何言也！」「昔者竊聞之，子夏、子游、子張，皆有聖人之一體；冉牛、閔子、顏淵，則具體而微。敢問所安？」曰：「姑舍是。」曰：「伯夷、伊尹何如？」

答云為聖沒分毫！僅誨門人不覺勞，
求學新知無厭倦。于時子貢遣辭褒。
誨人無倦為仁至，學不厭兮當是智。
仁智兼之是聖人。聖名孔子猶迴避。
加吾聖字實非宜！誰具聖人之一徽？
言偃子張偕子夏，回牛閔子具其微。
師於斯聖慵蹤躡？願比何人方妥貼？
放下此題暫不談。伯夷伊尹誰超躐？

曰：「不同道。非其君不事，非其民不使，治則進，亂則退，伯夷也。何事非君，何使非民，治亦進，亂亦進，伊尹也。可以仕則仕，可以止則止，可以久則久，可以速則速，孔子也。皆古聖人也。吾未能有行焉，乃所願，則學孔子也。」

「伯夷、伊尹於孔子，若是班乎？」

曰：「否。自有生民以來，未有孔子也。」

二人與我道非同，不喜之君避始終。
所厭之民無意管，治官亂退伯夷翁。
也無君主不能陪，凡是黎民皆肯管。
是否太平必作官，對於伊尹全夷坦。
理宜出仕不潛藏，環境難留則遠颺。
速去久留皆合度，因之孔子特知方。
三人俱是先賢聖，吾未能追其道行。
若問吾心所願為，其唯孔子剛柔正。
伯夷伊孔並相提，是否仁聲一樣齊？
溯自天生人類後，無人與孔品相題！

曰：「然則有同與？」曰：「有。得百里之地而君之，皆能以朝諸侯有天下。

行一不義，殺一不辜，而得天下，皆不為也，是則同。」

曰：「敢問其所以異？」曰：「宰我、子貢、有若，智足以知聖人，汙不至阿其所好。

宰我曰：『以予觀於夫子，賢於堯、舜遠矣。』子貢曰：『見其禮而知其政，

三人豈有同超卓？百里如能全把握，
足使諸侯盡拜朝，江山一統歸其朔。

惟如殺一欠辜苗，使出違仁不義招，
而致神州因此得，三人皆拒不心搖。

三人差異如何綜？有若宰我同子貢，
智足明評眾聖人，雖誇不會虛名送。

宰予讚曰我研摩，夫子賢於堯舜多。
子貢言師看禮制，能知政亂或和諧。

聞其樂而知其德，由百世之後，等百世之王，莫之能違也。自生民以來，未有夫子也。』有若曰：『豈惟民哉！麒麟之於走獸，鳳凰之於飛鳥，泰山之於丘垤，河海之於行潦，類也。聖人之於民，亦類也。出於其類，拔乎其萃。自生民以來，未有盛於孔子也。』」

先王樂曲吾師診，道德高低能判品。
百代之前諸帝王，無人可避師評審。

人類自從修史還，師尊超聖乏同班。
終於有若開言曰：豈僅世人居九寰！

麒麟騰走獸膺服，鳳凰冠飛禽百族；
河海之於溝澗流，泰山比起丘陵谷。

於民詎是類同班？唯聖超能確不凡。
自有生民留史科，吾師確領聖人銜。

三、以力假仁者章

孟子曰：「以力假仁者霸，霸必有大國。以德行仁者王，王不待大；湯以七十里，文王以百里。以力服人者，非心服也，力不贍也。以德服人者，中心悅而誠服也，如七十子之服孔子也，詩云：『自西自東，自南自北，無思不服。』此之謂也。」

單憑武力以專征，假借行仁以出兵。
威脅諸侯能逞霸，惟須大國作經營。
心存美德行仁政，開始無需疆域競。
七十里湯摧夏朝，文王百里成天命。
敵強我弱力難堪，表面服從心不甘。
美德方贏心悅服，且能同感聖恩覃。
猶如七時賢徒覺，感激由衷超卓犖。
大雅詩云地四方，人人心服誠真確。

四、仁則榮章

孟子曰：「仁則榮，不仁則辱。今惡辱而居不仁，是猶惡溼而居下也。如惡之，莫如貴德而尊士。賢者在位，能者在職，國家閒暇。及是時，明其政刑，雖大國必畏之矣。

詩云：『迨天之未陰雨，徹彼桑土，綢繆牖戶。今此下民，或敢侮予！』孔子曰：『為此詩者，其知道乎！』能治其國家，誰敢侮之。

君行仁義必光榮，不義非仁恥辱生。
憎辱偏無仁與義，無殊惡　住低坪。
如王遠辱當崇德，尊士使賢能騁力。
法令方針制後施，威風攝虎狼之國。
詩經內有智高辭：趁此天晴未雨時，
剝啄桑根皮建料，修巢補葺使無疵。
及時如此將災堵，誰敢無端來辱侮！
孔子宣揚作者聰：知方理國雖能仵。

今國家閒暇，及是時，般樂怠敖，是自求禍也。禍福無不自己求之者。

詩云：『永言配命，自求多福。』太甲曰：『天作孽，猶可違；自作孽，不可活。』此之謂也。」

如今國際正閒幽，政事王偏不緊謀。
享樂遨遊招禍害，須知禍福自身求。

詩云永配皇天命，幸福全由余自令。
太甲云天災可逃，自招之禍逃無慶。

五、尊賢使能章

孟子曰：「尊賢使能，俊傑在位，則天下之士，皆悅而願立於其朝矣。

市廛而不征，法而不廛，則天下之商，皆悅而願藏於其市矣。

賢才兼備稱冠貂，俊傑欣然列百僚。
天下之士皆悅服，人人願意立王朝。

市場僅征房屋稅，不因多售加其計。
如征貨稅免房捐，賈悅紛將商貨濟。

關譏而不征，則天下之旅，皆悅而願出於其路矣。耕者助而不稅，則天下之農，皆悅而願耕於其野矣。

廛無夫里之布，則天下之民，皆悅而願為之氓矣。

信能行此五者，則鄰國之民，仰之若父母矣。

率其子弟，攻其父母，自生民以來，未有能濟者也。

如此，則無敵於天下。無敵於天下者，天吏也。然而不王者，未之有也。」

關卡稽姦捐稅無，能招旅客滿康途。
農夫免賦公田種，必愛耕耘關野蕪。
民居役稅清交後，不再增添新稅負。
天下群民嚮往之，怡然入境謀糊口。
誠能五德施政歡，會引他邦眾仰觀。
猶若仰雙親一樣，氣氛鄰國主難安。
鄰邦率眾如侵伐，無異教唆愚蠢卒。
攻打渠家父母親，由來後果成顛蹶。
若此九州無敵氛，無殊天吏救民君。
如斯仍不贏中域，乃是從來未有聞。

六、人皆有不忍之心章

孟子曰：「人皆有不忍人之心。先王有不忍人之心，斯有不忍人之政矣。以不忍人之心，行不忍人之政，治天下可運之掌上。

所以謂人皆有不忍人之心者，今人乍見孺子將入於井，皆有怵惕惻隱之心，非所以內交於孺子之父母也，非所以要譽於鄉黨朋友也，非惡其聲而然也。

人皆具有一仁心，不忍他人受害侵。
昔者先王均有此，因之政治美情深。
施行不忍人之政，係奉仁心之命令。
由此神州可運籌，乾坤定矣日升平。
不忍之心何所宗？今如乍見小孩童。
爬行跌入街坊井，恐懼矜憐人必同。
全由天性原來有，非欲結交童父母。
未想爭求鄉里譽，當非厭惡聲名醜。

由是觀之，無惻隱之心，非人也；無羞惡之心，非人也；無辭讓之心，非人也；無是非之心，非人也。

惻隱之心，仁之端也；羞惡之心，義之端也；辭讓之心，禮之端也；是非之心，智之端也。

人之有是四端也，猶其有四體也。有是四端而自謂不能者，自賊者也。

謂其君不能者，賊其君者也。凡有四端於我者，知皆擴而充之矣。

由是觀之吾可云：心無羞惡是非遵，
或無惻隱無辭讓，缺一歸為不是人。

心懷惻隱人端馥，羞惡心端為義沐。
辭讓心端理始萌，是非是智之端郁。

人心固有四端兮，猶若人身有四肢。
具四端云無法善，堪云自棄自淪卑。

言君善事無能施，是害其君之陋吏。
知四端原在自身，皆當擴且充之遂。

若火之始然，泉之始達。
苟能充之，足以保四海；苟不充之，
不足以事父母。」

七、矢人豈不仁於函人章

孟子曰：「矢人豈不仁於函人哉？矢
人惟恐不傷人，函人惟恐傷人。
巫匠亦然。故術不可不慎也。
孔子曰：『里仁為美，擇不處仁，焉
得智！』

可使善端如火揚，越燒越旺勢恢張。
又如澗滴初流湧，匯作江河可葦航。
四端拓廣豐隆在，足夠用來安四海；
若不擴充仍若初，連同父母皆寒餒。
箭匠人同甲匠人，仁心千載並齊肩。
箭工只要傷人眾，甲匠惟須射不穿。
巫醫治病望人癒，棺木工希人入土。
故擇將來職業時，務須慎重先評估。
孔子言居若選鄰，須求風俗確親仁。
如遴選得不仁境，怎得稱為智慧民。

夫仁，天之尊爵也，人之安宅也，莫之禦而不仁，是不智也。

不仁不智，無禮無義，人役也。人役而恥為役，由弓人而恥為弓，矢人而恥為矢也。

如恥之，莫如為仁。仁者如射，射者正己而後發，發而不中，不怨勝己者，反求諸己而已矣。」

仁為尊爵由天賜，人類平安之宅地。
無阻而猶不肯仁，斬釘截鐵為無智。

仁智皆無禮義空，必成僕役恥途窮。
猶如矢匠羞為矢，彷彿弓人恥製弓。

如真悟恥仁當奠，仁者猶彎弓射箭。
先正身軀後引弓，如非中的須勤練。

八、子路人告知有過章

孟子曰：「子路人告之以有過，則喜。禹聞善言，則拜。大舜有大焉，

批評子路過離經，子路虛心喜愛聽。
禹納善言欣下拜，崇高帝舜若天青。

善與人同，舍己從人，樂取於人以為善；自耕稼陶漁以至為帝，無非取於人者。取諸人以為善，是與人為善者也。故君子莫大乎與人為善。」

與人行善毫無異，私見全拋從善意。
樂採他人之特長，以為行善之儲備。
先為稼穡繼陶忙，更後撈魚至帝王。
所有優良之舉措，無非採納別人長。
取人長處來推演，即是幫人行善勉。
是故君王美德崇，皆為幫助人同善。

九、伯夷非其君不事章

孟子曰：「伯夷非其君不事，非其友不友，

伯夷挑友擇賢君，人格嵩崇蘭麝薰。
不事惡人之國主，無交不屬鳳鸞群。

不立於惡人之朝，不與惡人言；立於惡人之朝，與惡人言，如以朝衣朝冠，坐於塗炭。

推惡惡之心，思與鄉人立，其冠不正，望望然去之，若將浼焉。

是故，諸侯雖有善其辭命而至者，不受也。不受也者，是亦不屑就已。

柳下惠不羞汙君，不卑小官，進不隱賢，必以其道，

惡人朝立生憎忌，與歹人談惟遠避。
怕若以朝衣禮冠，坐灰泥炭而無異。

細推憎惡有其方；偶值鄉人立側旁。
苟見其人冠未正，猶如懼染走慌忙。

當時列國諸侯悃，縱有動人辭委婉。
延聘渠偏不受招，元來不屑飡官飯。

柳惠雖君汙肯留，全然不認是蒙羞。
官雖甚小非卑下，不隱才能以道謀。

遺佚而不怨，阨窮而不憫。故曰：『爾為爾，我為我；雖袒裼裸裎於我側，爾焉能浼我哉！』故由由然與之偕而不自失焉。援而止之而止。援而止之而止者，是亦不屑去已。」

孟子曰：「伯夷隘，柳下惠不恭，隘與不恭，君子不由也。」

被君拋棄無悲怨，窮阨無愁無鬱悶。
曾說渠吾各不干，吾旁赤體無肴溷。

隨和操守絕無虧，辭職情留則不離。
留職原因能解釋：難拋正道故安之。

伯夷器窄如金線，柳惠於愆其簡慢。
兩位離中道甚多，誠然君子非能辦。

公孫丑下篇

一、天時地利章

孟子曰：「天時不如地利，地利不如人和。三里之城，七里之郭，環而攻之而不勝。夫環而攻之，必有得天時者矣。然而不勝者，是天時不如地利也。城非不高也，池非不深也，兵革非不堅利也，米粟非不多也，委而去之，是地利不如人和也。

天時遜地利何多，地利輸人和不訛。
郊七里成三里耳，環攻不克卻緣何？
能攻必有天時至，不克由於違地利。
城固池深甲粟多，人和欠缺將城棄。

故曰：域民不以封疆之界，固國不以山谿之險，威天下不以兵革之利。得道者多助，失道者寡助。寡助之至，親戚畔之。多助之至，天下順之。以天下之所順，攻親戚之所畔，故君子有不戰，戰必勝矣。」

二、孟子將朝王章

孟子將朝王。王使人來曰：「寡人如就見者也，有寒疾，不可以風。朝，將視朝，不識可使寡人得見乎？」

域民不靠限人遷，何必嚴封鎖界邊？
固國何須山壑險，治民不倚甲兵堅。
人多樂助君行道，失道幫忙人必少。
少到親朋盡叛離，多能舉世歸依了。
以全天下順時師，攻打親朋己叛離。
聖主除非無戰鬥，如經戰鬥勝無疑。

孟子將朝正整裝，齊王使者適來商：
寡人原想看夫子，不巧傷風懼受涼。
假使你能朝上見，吾將勉力登朝殿。
不知夫子在明晨，能否親臨相會面。

對曰：「不幸而有疾，不能造朝。」
明日，出弔於東郭氏。
公孫丑曰：「昔者辭以病。今日弔，或者不可乎？」
曰：「昔者疾，今日愈，如之何不弔？」
王使人問疾，醫來。孟仲子對曰：「昔者有王命，有采薪之憂，不能造朝。今病小愈，趨造於朝。我不識能至否乎？」
使數人要於路，曰：「請必無歸，而造於朝。」不得已而之景丑氏宿焉。

孟子回言病不輕，歉難明早上王廷。
翌晨東郭家喪事，已訂平明往祭靈。
公孫丑諫言清澈：昨日方辭王昭切，
藉病為由只一天。今晨弔祭宜從缺。
昔病今痊弔乃誠。王之使者帶醫生，
方來問病真驚訝。孟仲子言能合情：
承王召見病寒苦，未克造朝今小愈。
已赴王廷去觀王，希望已近王堂廡。
使人攔路曰無還。速造於朝幸勿延。
不願上朝難反舍，憩於景丑氏家焉。

景子曰：「內則父子，外則君臣，人之大倫也。父子主恩，君臣主敬。丑見王之敬子也，未見所以敬王也。」

曰：「惡！是何言也。齊人無以仁義與王言者，豈以仁義為不美也？其心曰：『是何足與言仁義也。』云爾，則不敬莫大乎是？我非堯舜之道，不敢以陳於王前。故齊人莫如我敬王也。」

景子曰：「否！非此之謂也。禮曰：『父召無諾，君命召不俟駕。』

景丑氏云人德行，君臣父子惟恩敬。
丑知王敬子於先，吾子緣何猶氣盛？

曰哎何言總不真。王前未有任何人，
朝王建議行仁義，不是各人仁義湮。
心悉對王觀念戳，認談仁義毫無益，
如言不敬細推敲，未有比茲尤烈劇。
吾非堯舜道為憑，未敢王前信口稱。
眾位齊臣同我比，對王尊敬我無朋。

景子云丕非此理。禮經交代難違矣。
父呼不待諾回言，君召急趨無駕俟。

固將朝也，聞王命，而遂不果，宜與夫禮若不相似然。」

曰：「豈謂是與？曾子曰：『晉楚之富，不可及也。彼以其富，我以吾仁。彼以其爵，我以吾義。吾何慊乎哉！』夫豈不義而曾子言之，是或一道也。天下有達尊三：爵一、齒一、德一。朝廷莫如爵，鄉黨莫如齒，輔世長民莫如德。惡得有其一，以慢其二哉！

子原計劃上王朝，王召隨來卻取消。
對禮所言之善語，似乎相距甚迢遙。
原來子未知吾意。晉楚嘗由曾子議：
其富無人及得來，吾人適足能相值。
渠憑爵位甚衿豪，我則依憑義亦高。
比較雙方無上下，當然我不遜分毫。
其言與義如相賊，曾子緣何言盡力？
天下同尊計有三：耄耆爵位同賢德。
教民輔治德賢檯，鄉里尊稱以齒差。
爵位朝廷中乃貴，安能爵貴德者卑！

故將大有為之君，必有不召之臣。欲有謀焉，則就之。其尊德樂道，不如是，不足與有為也。

故湯之於伊尹，學焉而後臣之，故不勞而王。桓公之於管仲，學焉而後臣之，故不勞而霸。

今天下，地醜德齊，莫能相尚；無他，好臣其所教，而不好臣其所受教。

故君大有為之竅，必有良辰非使召。
有事商量親訪之，尊賢樂道邦光耀。

湯從伊尹事之恭，而後臣之王業隆。
小白亦先師管仲，臣之而後霸成功。

如今天下諸侯眾，領土弱強相伯仲。
德政高低近等平，難圓一統江山夢。

原因細考在謨宸，僅用聽從命令臣。
遠避教君仁愛智，恃其才德若高人。

湯之於伊尹，桓公之於管仲，則不敢召。管仲且猶不可召，而況不為管仲者乎！」

三、陳臻問章

陳臻問曰：「前日於齊，王餽兼金一百而不受。於宋，餽七十鎰而受。於薛，餽五十鎰而受。前日之不受是，則今日之受非也。今日之受是，則前日之不受非也。夫子必居一於此矣。」孟子曰：「皆是也。

商湯不召伊臣弼，桓用夷吾無召出。
管仲居然召未能，況其不屑夷吾匹！

陳臻問曰離齊秋，王餽百金師拒收。
在宋師收金七十，薛遺五十鎰收留。
今天接受倘光明，昔日無收應謬誤。
已往無收若正當，今之接受當訛錯。
二者如矛盾互妨，不知夫子占何方。
無收或拒皆無誤。若究原因不謬荒。

當在宋也，予將有遠行。行者必以贐。辭曰：『餽贐』，予何為不受？當在薛也，予有戒心。辭曰：『聞戒，故為兵餽之。』予何為不受？若於齊，則未有處也。無處而餽之，是貨之也。焉有君子而可以貨取乎？」

四、平陸章

孟子之平陸，謂其大夫曰：「子之持戟之士，一日而三失伍，則去之否乎？」曰：「不待三。」然則子之失伍也亦多矣！凶年飢歲，

在宋當時將遠別。知吾旅費需求切，
宋君贈我曰川資，我有何由能拒絕？
旅薛時須戒備精，因聞路上不安平。
薛君餽曰添軍械，我又何能不領情？
居齊餽贈無由矣，道理想通當可解。
君子堂堂正正人，何能失智遭收買！

孟子行經平陸上，詢其邑宰衙廊廡。
假如左右負戈人，一日之間三失伍。
即開除否請詳參。答曰何須等到三！
然則子尤多失伍。凶年饑歲子當慚。

子之民，老羸轉於溝壑，壯者散而之四方者，幾千人矣。」曰：「此非距心之所得為也。」

曰：「今有受人之牛羊而為之牧之者，則必為之求牧與芻矣。求牧與芻而不得，則反諸其人乎？

抑或立而視其死與？」曰：「此則距心之罪也。」他日，見於王曰：「王之為都者，臣知五人焉。

知其罪者，惟孔距心。」為王誦之。王曰：「此則寡人之罪也。」

黎民老弱填溝壑，青壯四方遷錯落，
已達數千聞怨多。此非吾力能操作。

今人受託牧牛羊，必得尋求放牧場。
草料牧場皆不得，蓄群還主不慚惶？

抑或看其饑死逼？距心知罪難逃匿。
多天之後見王云：五位邑官吾所識，

唯孔距心知罪愆。遂將經過敘王前。
齊王慼愧之餘曰：此則寡人之罪焉。

五、謂蚳鼃章

孟子謂蚳鼃曰：「子之辭靈邱而請士師，似也，為其可以言也。今既數月矣，未可以言與？」蚳鼃諫於王而不用，致為臣而去。齊人曰：「所以為蚳鼃則善矣，所以自為，則吾不知也。」公都子以告。曰：「吾聞之也，有官守者，不得其職則去。

對蚳鼃勉並無訣：吾子辭靈丘大夫，
調任士師殊上策，諫王庶免入歧途。
惟今數月年光度，未悉諫章呈上歟？
於是蚳鼃往諫王，因王不採鼃辭去。
齊人暗地代渠憂：渠助蚳鼃考慮周，
惟對如何幫自己，吾人尚覺欠良謀。
公都子告齊人語，答曰吾聞官守主，
職務不能行使時，當須辭職回鄉土。

有言責者，不得其言則去。

我無官守，我無言責也；則吾進退，豈不綽綽然有餘裕哉！」

六、為卿於齊章

孟子為卿於齊，出弔於滕，王使蓋大夫王驩為輔行。

王驩朝暮見，反齊滕之路，未嘗與之言行事也。公孫丑曰：「齊卿之位，不為小矣；

負有忠言責任翁，如言被認耳邊風，
也當掛印辭官去，不可素餐成狗熊。
吾無官職無言責，故我茲身猶是客。
進退自由牽慮無，迴旋到處有餘適。

孟子為齊卿代王，兼程出使弔勝喪。
王咨蓋守王驩後，命作副員資贊襄。
來回旅次朝昏值，從未商談公務事。
弟子公孫丑問云：卿之品第為高位。

齊滕之路，不為近矣；反之而未嘗與言行事，何也？」曰：「夫既或治之，予何言哉？」

齊滕往返路遙哉，公務無談豈應該？渠既獨行茲事矣，何須掉舌吐言追！

七、自齊葬於魯章

孟子自齊葬於魯，反於齊，止於嬴，充虞請曰：「前日不知虞之不肖，使虞敦匠事。嚴，虞不敢請。今願竊有請也。木若以美然。」

曰：「古者棺椁無度，中古棺七寸，椁稱之。自天子達於庶人；

孟子扶柩到魯淒，葬慈成禮復回齊。經嬴暫宿充虞問：師不知虞智慧低。

差虞督製棺材斐，時促忙中疑問起。事畢今方冒昧詢：槨棺規格何超美？

古時棺槨制無刊，中古周初七寸棺。外槨與棺差不遠，平民天子等齊觀。

非直為觀美也，然後盡於人心。不得，不可以為悅，無財，不可以為悅，得之為有財，古之人皆用之，吾何為獨不然？且比化者，無使土親膚，於人心獨無恔乎？吾聞之也：君子不以天下儉其親。」

主旨為須心孝至，美觀方面猶居次。
如因法制不能為，人子之心當不遂。
准用上材財有虧，誠然也是不勝悲。
能符法制錢財夠，古已為之吾亦為！
厚棺泥土同膚絕，孝子豈能不悅？
聞道高人惜物資，不因父母而撙節。

八、沈同以其私章

沈同以其私問曰：「燕可伐與。」孟子曰：「可。

沈同私下問含糊，燕國而今可伐乎？
答曰今誠然可伐，燕侯交接太糊塗。

子噲不得與人燕，子之不得受燕於子噲。有仕於此，而子悅之，不告於王，而私與之吾子之祿爵。夫士也，亦無王命而私受之於子，則可乎？何以異於是？」

齊人伐燕。或問曰：「勸齊伐燕，有諸？」曰：「未也。沈同問：『燕可伐與？』吾應之曰：『可。』彼然而伐之也。彼如曰：『孰可以伐之？』則將應之曰：『為天吏，則可以伐之。』今有殺人者，

周天子掌君權構，子噲子之私受授。
譬若台端愛某人，私傳祿位偏忘奏。
其人就任把王曚，私受台端爵祿崇。
同樣難為人認可，荒唐謬誤竟相同。

齊竟伐燕賓問軻：聞夫子勸征燕妥？
答云未也沈同詢：燕可伐乎吾曰可。
渠因有此伐燕為。若問誰方可伐之？
我必回言天吏可。比如兇手被抓時，

或問之曰：『人可殺與？』則將應之曰：『可。』彼如曰：『孰可以殺之？』則將應之曰：『為士師，則可以殺之。』今以燕伐燕，何為勸之哉？」

如詢當殺乎祈察。則應之云當可俯殺，
若問誰方可殺之？則言為士師之轄。

如今齊國道偏頗，恰與燕邦差未多。
不啻燕攻燕是也，吾何必勸起干戈？

九、燕人畔章

燕人畔。王曰：「吾甚慙於孟子。」陳賈曰：「王無患焉。王自以為與周公孰仁且智？」王曰：「惡！是何言也！」

王因燕畔出言謙：我甚慚於孟子前。
陳賈慰王無患也，周公仁智亦非全。

曰：「周公使管叔監殷，管叔以殷畔。知而使之，是不仁也；不知而使之，是不智也。仁、智，周公未之盡也；而況於王乎？賈請見而解之。」

見孟子，問曰：「周公，何人也？」曰：「古聖人也。」曰：「使管叔監殷，管叔以殷畔也，有諸？」曰：「然。」曰：「周公知其將畔而使之與？」曰：「不知也。」

監殷管叔、周公使，管叔因殷辜被棄。
知畔使監為不仁，不知而使誠非智。
仁智周公未備周，況王何必太憂愁？
當之孟子為王解。見孟子言其所由。
問曰周公祈判斷？回言古聖名姬旦。
安排管叔督殷封，管叔助殷行叛亂。
然而青史豈明陳？歷史文書記錄真。
未使前知將畔否？出乎意外理難循。

「然則聖人且有過與？」曰：「周公弟也，管叔兄也；周公之過，不亦宜乎？

且古之君子，過則改之，今之君子，過則順之。古之君子，其過也，如日月之食，民皆見之，

及其更也，民皆仰之。今之君子，豈徒順之，又從為之辭。」

古聖豈能將過抵？兄未管叔周公弟，周公之過不宜乎？君子古今當順理。

古君子過改無疑，君子如今過順之。君子古時如日蝕，人民仰首見其疵。

仰觀改正黎民樂。君子如今如有錯，豈但徒然順服之。且為辭令遮慚怍！

十、致為臣而歸章

孟子致為臣而歸。王就見孟子曰：「前日願見而不可得；得侍同朝，甚喜。

孟子辭卿返里真，王親往訪孟家云：前思見面難如願，得侍同朝正樂欣。

今又棄寡人而歸，不識可以繼此而得見乎？」對曰：「不敢請耳，固所願也！」

他日，王謂時子曰：「我欲中國而授孟子室，養弟子以萬鍾，使諸大夫國人，皆有所矜式。

子盍為我言之。」時子因陳子而以告孟子，陳子以時子之言告孟子。

孟子曰：「然。夫時子惡知其不可也？如使予欲富，辭十萬而受萬，是為欲富乎？

而今棄寡人堂殿，不識何時能再見。對曰臣原不敢求，重歡是我心中羨。

他日王邀時子商：吾思授孟以佳房，萬鍾供養門徒眾，為使官民效義方。

子能代我商談否？時子為陳臻摯友，轉託陳臻將所言，傳於孟子希無咎。

答曰吾辭乃必須。原因時子識之無？苟如我欲圖財富，十萬辭之受萬乎？

季孫曰：『異哉子叔疑！使己為政，不用，則亦已矣，又使其子弟為卿。人亦孰不欲富貴？而獨於富貴之中，有私龍斷焉。』古之為市者，以其所有，易其所無者，有司者治之耳。有賤丈夫焉，必求龍斷而登之，以左右望而罔市利。人皆以為賤，故從而征之，征商，自此賤丈夫始矣。

季孫對子叔疑諷：思欲為官君不用，
乃使渠之子弟群，為卿享受超高俸。
人誰不欲富榮通？唯獨渠於富貴中，
似占高堂行壟斷，從中取利不安窮。
古代商場無易足，官廳理訟從流俗。
鄙夫卑賤倚高堂，壟斷網羅求所欲。
人皆視此賤卑焉，因此徵收暴利捐。
商賈須交交易稅，從茲起始遂相沿。

十一、去齊宿於晝章

孟子去齊，宿於晝。有欲為王留行者坐而言，不應，隱几而臥。

客不悅曰：「弟子齊宿而後敢言，夫子臥而不聽，請勿復敢見矣！」曰：「坐！我明語子。

昔者魯繆公無人乎子思之側，則不能安子思。

孟子離齊晝店投，有人自願替王留
坐恭言敬無回應，隱几低頭閉黑眸。
客不開心言近讟：余先齋戒清心宿，
今方趕謁獻吾言，夫子緣何憑几伏？
完全不採我言辭，恕我無顏復見師。
孟子方云先坐下，容吾明語子宜知。
子思魯繆尊之厚，必派專人來伺候。
轉達尊賢心意誠，子思於是能留逗。

泄柳、申詳，無人乎繆公之側，則不能安其身。

子為長者慮，而不及子思；子絕長者乎？長者絕子乎？」

十二、尹士語人章

孟子去齊，尹士語人曰：「不識王之不可以為湯武，則是不明也；識其不可，然且至，則是干澤也。千里而見王，不遇故去，三宿而後出晝，是何濡滯也。士則茲不悅。」

申詳泄柳略平庸，若缺良朋傍繆公。
維護兩人常讚譽，怎能獲致御前紅？

子徒考慮言耆歲，不及子思為實際。
子絕耆乎若我乎？抑吾絕子之匡濟？

孟子離齊尹士吭：不如王不作商湯，
也非周武之流亞，則是糊塗腦不良。
識王不會為湯武，尚往齊王前欲輔。
疑是謀求職位高，而非志德超今古。
千里覲王缺夙緣，離齊在晝住三天。
方才惆悵終離去，士不喜歡渠久延。

高子以告。曰：「夫尹士惡知予哉！千里而見王，是予所欲也。不遇故去，豈予所欲哉？予不得已也！予三宿而出晝，於予心猶以為速。王庶幾改之；王如改諸，則必反予。夫出晝而王不予追也，予然後浩然有歸志。予雖然，豈舍王哉！王由足用為善。王如用予，則豈徒齊民安，天下之民舉安。王庶幾改之，予日望之。

高子聞之將孟質。答云尹士烏能識，迢迢千里見齊王。固是余之原準則。奉獻嘉猷未遇時，三暝宿晝不甘離。光陰似箭心焦急，希冀齊王改措施。王如輙易而重計，必會追余回任事。出晝而王終不追，吾方坦蕩興歸志。話雖若是舍王哉？王具能為用事才。想必終於能用善，希望飛快霧雲開。王如用我齊民咠，且九州黎皆貼妥。渠庶幾能改本衷，佳音企盼惠於我。

予豈是若小丈夫然哉！諫於其君而不受，則怒悻悻然見於其面。去，則窮日之力而後宿哉？」尹士聞之曰：「士誠小人也。」

余非俗子鄙其為，諫勸偏偏不見幾。則怒而形諸面孔，離開其所走如飛。力竭精疲方歇宿，自尋苦惱如孤鴦。終於尹士耳聞云：尹士小人無愧恧。

十三、充虞路問章

孟子去齊。充虞路問曰：「夫子若有不豫色然。前日虞聞諸夫子曰：『君子不怨天，不尤人。』」

曰：「彼一時，此一時也。五百年必有王者興，其間必有名世者。由周而來，七百有餘歲矣，

充虞問孟子於途：夫子離齊不豫乎？是否曾言君子者，尤人以及怨天無？

曰昔今時非可比，明君五百年興起。其實賢佐輔成之，周七百年斯越矣。

以其數，則過矣。以其時考之，則可矣。
夫天，未欲平治天下也。如欲平治天下。
當今之世，舍我其誰也？吾何為不豫
哉？」

年數既然過久經，依時考察早當更。
如天未想平天下，聖主賢臣不現呈。
苟若天須天下泰，當今時代除吾外，
猶能覓致別人乎？不豫於吾怎理會？

十四、去齊居休章

孟子去齊，居休。公孫丑問曰：「仕
而不受祿，古之道乎？」
曰：「非也。於崇，吾得見王，退而
有去志。不欲變，故不受也。
繼而有師命，不可以請，久於齊，非
我志也。」

孟子離齊休暫止。公孫丑問師從仕，
堅辭俸祿不支酬，豈合古時之道理？
曰否自從崇邑回，即萌意念欲離開。
客卿雖做尊初念？故拒酬金與貨財。
繼有興師征戰令，暫難表意堅辭聘。
由於時勢久留齊，畢竟有違吾本性。

滕文公上篇

一、滕文公為世子章

滕文公為世子，將之楚。過宋而見孟子。孟子道性善，言必稱堯舜。

世子自楚反，復見孟子。孟子曰：「世子疑吾言乎？夫道一而已矣！

成覸謂齊景公曰：『彼丈夫也，我丈夫也，吾何畏彼哉！』顏淵曰：

藤文猶係儲君職，赴楚洽公經宋國。
孟子箴渠性善言，稱揚堯舜之崇德。
回仍見孟而商研，孟子勉渠師聖賢：
世子懷疑吾語否？道惟行善一相傳。
齊之成覸為齊景：彼丈夫乎吾亦秉。
吾又緣何畏彼哉！顏淵言論傳同境：

『舜何人也，予何人也，有為者亦若是！』公明儀曰：『文王我師也，周公豈欺我哉！』今滕，絕長補短，將五十里也，猶可以為善國。書曰：『若藥不瞑眩，厥疾不瘳。』」

二、滕文公薨章

滕定公薨。世子謂然友曰：「昔者孟子嘗與我言於宋，於心終不忘。

舜何人也我無違，大有為身立志強。
賢士公明儀也說：周公昔讚美文王：
文王我父兼師位。豈是周公欺我最？
滕里方將五十強，誠非最小雖非大。
書云藥不眩昏頭，重病何能自己瘳？
勵志圖強行善政，能成善國傲神州。

滕定公薨世子承，對師然友請求稱：
前經宋國孟言善，使我至今猶服膺。

今也不幸至於大故。吾欲使子問於孟子，然後行事。」然友之鄒，問於孟子。孟子曰：「不亦善乎！親喪，固所自盡也。

曾子曰：『生，事之以禮。死，葬之以禮，祭之以禮，可謂孝矣。』

諸侯之禮，吾未之學也。雖然，吾嘗聞之矣。三年之喪，齊疏之服，飦粥之食，自天子達於庶人，三代共之。」

然友反命，定為三年之喪。父兄百官皆不欲，曰：「吾宗國魯先君莫之行。

如何喪事循三禮，煩子幫余詢孟子。
然友如鄒孟子云：善哉人子虛心矣。

曾子云親在世時，為兒尊禮侍從之。
賓天葬祭皆尊禮，可以稱為孝順兒。

諸侯喪禮無私淑；但悉夏商周食粥。
必服毛邊麻布衣，三年天子民同肅。

然友回滕覆命焉，公將喪禮定三年。
百官父老非同調，曰我先君並不然。

吾先君亦莫之行也。至於子之身而反之，不可。且志曰：『喪祭從先祖。』曰：『吾有所受之也。』」

謂然友曰：「吾他日未嘗學問，好馳馬試劍。今也父兄百官，不我足也，恐其不能盡於大事。子為我問孟子。」然友復之鄒，問孟子。孟子曰：「然。不可以他求者也。孔子曰：『君薨，聽於冢宰。歠粥，面深墨，即位而哭。百官有司，莫敢不哀，先之也。

宗國魯先君莫取。志云喪禮從先祖。今傳於子反之乎？曰我如斯因受輔。

謂然友曰我昏曚，馳馬操刀不用功。族老群臣皆不滿，担心大事辦難通。

煩質孟軻勞再往。之鄒然友傳回響：既然如是有難艱，茲事猶須親握掌。

子曰君薨相必扶，新君食粥面深烏。悲啼即位官民悼，莫敢忘哀悉仿摹。

上有好者，下必有甚焉者矣。君子之德，風也。小人之德，草也。草尚之，風必偃。』

是在世子。」然友反命。世子曰：「然。是誠在我。」五月居廬，

未有命戒，百官族人，可謂曰知。

及至葬，四方來觀之，顏色之戚，哭泣之哀，弔者大悅。

人主悠然嗜好逐，臣民必定欣拳服。
言德君子比如風，偃草小人之翕伏。

此事端須世子彰。文公獲得此良方，
云須我自身模範。遂往居廬五月長。

全無命戒無言粲，族長官員齊讚歎。
曰可云知禮嗣君。如斯嘉譽神州冠。

終於下葬到時辰，世子躬為主祭人。
哭泣哀傷顏色戚，至誠尊禮譽嘉賓。

三、滕文公問為國章

滕文公問「為國。」孟子曰：「民事不可緩也。詩云：『晝爾于茅，宵爾索綯。亟其乘屋，其始播百穀。』民之為道也，有恒產者有恒心，無恒產者無恒心。苟無恒心，放辟邪侈，無不為已。及陷乎罪，然後從而刑之，是罔民也。

滕文問國治何先？答曰農耕不可延。
詩曰白天茅草割，夜間繩索絞連緜。
農閒事少修茅屋，等待春來方播粟。
百姓普通之性情，持恒產者恒心足。
無恒產者缺恒心，放匿邪奢罪日深。
犯罪制裁科重罰，猶如設網把民擒。

焉有仁人在位，罔民而可為也？是故，賢君必恭儉禮下。取於民有制。陽虎曰：『為富不仁矣！為仁不富矣！』

夏后氏五十而貢，

殷人七十而助，

周人百畝而徹，其實皆什一也。

焉有仁君光八表，罔民入罪遭民藐。
因之古代聖賢君，節儉謙恭常禮小。
從民取稅限須遵。陽虎嘉言蘊理真：
心地仁慈常不富，追尋財富不能仁。
夏朝男子成年眾，五十畝田須受控。
必繳收成五畝糧，當時稅法名為貢。
商殷始有井田施，七十畝田隸其私。
各戶幫公田七畝，其名為助頗相宜。
周朝百畝男丁接，十畝收歸公曰徹。
原稅十分之一同，惟其辨法有分別。

徹者，徹也。助者，藉也。

龍子曰：『治地莫善於助，莫不善於貢。』

貢者，校數歲之中以為常。

樂歲粒米狼戾，多取之而不為虐，則寡取之。

凶年糞其田而不足，則必取盈焉。為民父母，使民盼盼然，

徹者通盤酌薄征，謀求十一稅從輕。
助為借助鄰人力，十畝公田合力耕。

古賢龍子言真雋：助法治田斯最善，
貢法逢災最不良。饑年繳稅無寬免。

貢為根據幾年中，產量平均計法同。
稅率依之成永久，徵收不問歉同豐。

豐年剩米多拋棄，稅若多收非苛弊。
偏照呆規以少收，緣何歉歲無意惠？

多加肥料幾無收，全部收成不足籌。
貢稅分文無減少，因之百姓恨如仇。

將終歲勤動，不得以養其父母，又稱貸而益之，使老稚轉乎溝壑，惡在其為民父母也。夫世祿，滕固行之矣。

詩云：『雨我公田，遂及我私。』惟助為有公田。由此觀之，雖周亦助也。

設為庠序學校以教之，庠者，養也。校者，教也。序者，射也。夏曰校，殷曰序，周曰庠，學則三代共之，皆所以明人倫也。

人民終歲勤勞竭，奉養雙親猶未卒。
借貸為交貢稅高，堪憐老稚填溝窟。
無聞百姓入泥塗，豈可為民父母乎？
世俸酬公高俊士，滕侯以採此嘉謨。
詩經有降公田雨，逐及我私之雋語。
助有公田而徹無，推知助法周承續。
學校另名為序庠。庠言養老古官坊。
校為教導人民處，序者供民習射場。
夏稱校者殷稱序，周代為庠皆化雨。
三代無殊用學詞，人倫由此收良輔。

人倫明於上，小民親於下。有王者起，必來取法。是為王者師也。詩云：『周雖舊邦，其命維新。』文王之謂也。子力行之，亦以新子之國。」

使畢戰問井地。孟子曰：「子之君，將行仁政，選擇而使子，子必勉之。夫仁政必自經界始。經界不正，井地不均，穀祿不平。是故，暴君汙吏，必慢其經界。

人倫假使上明通，百姓相親競景從。
若有聖王興教化，必來取法步芳蹤。
誠然苟若人倫達，則作聖王師雋拔。
其命維新顯舊邦，詩經記載言囊括。
文王受讚自詩聞，吾子如能夙夜勤。
以古文王為榜樣，滕維新後自芳芬。
使臣畢戰均田問，孟子言君方改運。
仁政將行使子來，希望吾子因時奮。
行仁畛城要先釐，井地不均田界差。
徵穀公平為妄想，暴君污史弊陸離。

經界既正，分田制祿，可坐而定也。

夫滕，壤地褊小，將為君子焉，將為野人焉。無君子，莫治野人。無野人，莫養君子。

請野，九一而助，國中什一使自賦。

卿以下，必有圭田。圭田五十畝，餘夫二十五畝。

死徒無出鄉，鄉田同井，出入相友，守望相助。

施行仁政由何起？當自更新田界始。
田界能公正劃分，官員俸易開支矣。

滕雖僅有小邦畿，卻眾官民為少稀。
官吏為安忙界務，庶民交稅免官饑。

建議荒野宜廣拓，井田助法堪斟酌。
城鄉多墾妥農田，十一賦征當不錯。

卿至士官官俸存，圭田五十畝加恩。
家庭若有餘夫在，廿五畝田嘉族繁。

一般遷徒亡埋葬，少願離鄉而遠颺。
同井鄰田成友朋，守望相助相謙讓。

疾病相扶持，則百姓親睦。方里而井，井九百畝，其中為公田，八家皆私百畝，同養公田。公事畢，然後敢治私事，所以別野人也。此其大略也。若夫潤澤之，則在君與子矣。」

四、許行章

有為神農之言者許行，自楚之滕，踵門而告文公曰：「遠方之人，聞君行仁政，願受一廛而為氓。」

扶持病者免煢單，百姓相親難共患。
九百里兮方里井，公田百畝眾開顏。
百畝八家同樣畀，須先共養公田事。
後方私土理治之，與野人群誠有異。
井田之利秖初談，斟酌推行須細探。
目的無非求美善，滕君與子必能諳。
研究神農有許行，來滕自楚謁公誠。
聞君正在行仁政，願做一廛而做氓。

文公與之處。其徒數十人，皆衣褐，
捆屨、織席以為食。
陳良之徒陳相，與其弟辛，負耒耜而
自宋之滕，曰：
「聞君行聖人之政，是亦聖人也。願
為聖人氓。」陳相見許行而大悅，盡
棄其學而學焉。
陳相見孟子，道許行之言曰：「滕君，
則誠賢君也。雖然，未聞道也。
賢者與民並耕而食，饔飧而治。今也
滕有食廩府庫，則是厲民而以自養
也，惡得賢？」

文公賜地同房屋，數十門徒穿褐服。
織布耕田編草鞋，陶然知足無飢腹。
陳良儒者有門人，名曰陳相與弟辛。
自宋之滕肩耒耜，云今願意做滕民。
因君行井田仁政，與聖人齊同是聖。
見許行談大悅之，全拋所學從新競。
來看孟子狀歡欣，轉述許行之語云：
可惜滕君為聞道，雖然私淑堯舜君。
賢者與民同稼穡，同炊並耨為原則。
今滕府庫廩倉充，則是厲民賢未得。

孟子曰：「許子必種粟而後食乎？」
曰：「然。」「許子必織布而後衣乎？」
曰：「否，許子衣褐。」「許子冠乎？」
曰：「冠。」

曰：「奚冠？」曰：「冠素。」曰：「自織之與？」曰：「否，以粟易之。」曰：「許子奚為不自織？」曰：「害於耕。」

曰：「許子以釜甑爨，以鐵耕乎？」曰：「然。」「自為之與？」曰：「否，以粟易之。」

許行種粟自餐乎？曰是為渠自織無？
曰否僅穿粗布服。平時冠否曰誠需。
何冠曰素綢之美。自織之與糧易此。
何不欣然自織乎？由於妨礙耕田耳。
炊燒使用甑鍋與？是否耕田用耒鋤
曰是由渠親製否？由糧食換自寬舒。

「以粟易械器者，不為厲陶冶。陶冶亦以其械器易粟者，豈為厲農夫哉？且許子何不為陶冶，舍皆取諸其宮中而用之？何為紛紛然與百工交易？何許子之不憚煩？」

曰：「百工之事，固不可耕且為也。」

「然則治天下，獨可耕且為與？有大人之事，有小人之事。且一人之身，而百工之所為備。如必自為而後用之，是率天下而路也。

既然農具由糧換，未損燒窯攻鐵漢。
鐵匠窰工換糧食，農夫也未遭塗炭。
緣何不打鐵燒窰，放置家中任意挑？
百物何需交易得，怎能毋厭世煩囂？

農耕與百工營造，無法同時皆作好。
政治農耕各費時，一人都作非其道。
原來理國必分工，有吏繞收行政功。
耕厉皆為人必要，人身需要本無窮。
故凡百物躬親作，使用起來方快樂。
是率黎民路上奔，全無休息身疲弱。

故曰：或勞心，或勞力。勞心者治人，勞力者治於人。

治於人者食人，治人者食於人，天下之通義也。」

「當堯之時，天下猶未平：洪水橫流，氾濫於天下，草木暢茂，禽獸繁殖，五穀不登：禽獸偪人，獸蹄鳥跡之道，交於中國。

堯獨憂之，舉舜而敷治焉。舜使益掌火，益烈山澤而焚之，禽獸逃匿。

嘗聞語曰或勞心，或者終生勞力深。
勞力穎他來管理，勞心理眾一肩任。

勞心恒受人高養，勞力必供人受享。
此係無垠地域中，通行原則無牽強。

堯時天下未安平，洪水成災草木榮。
五穀不登禽獸旺，成群威脅世蒼生。

帝堯為此深憂慮，舉舜謀求民樂豫。
舜命益研焚澤山，獸禽避火紛逃遽。

禹疏九河，瀹濟、漯，而注諸海；決汝漢，排淮泗，而注之江，然後中國可得而食也。當是時也，禹八年於外，三過其門而不入。

雖欲耕，得乎？後稷教民稼穡，樹藝五穀，五穀熟而民人育。人之有道也，飽食、煖衣、逸居而無教，則近於禽獸。

聖人有憂之，使契為司徒，教以人倫：父子有親，

安排禹遂濬河謀，濟漯朝東入海流。
涯泗淤排閒汝漢，引之南入大江收。
九州從此楨祥集，田野耕耘收玉粒。
八載工程禹太忙，家門三到無暇入。
禹峯公兮若是忙，豈能耕地種禾粱？
水災洪患治平後，后稷教民稼穡方。
耕耘五股收成妥，民眾方能生活婿。
飽暖如無教化加，則如禽獸無相左。
聖王為此急如煎，授契司徒教化權。
教眾人倫之要道，須明父子是親連。

君臣有義，夫婦有別，長幼有序，朋友有信。

放勳曰：『勞之來之，匡之直之，輔之翼之，使自得之，又從而振德之。』聖人之憂民如此，而暇耕乎？

堯以不得舜為己憂，舜以不得禹、皋陶為己憂。夫以百畝之不易為己憂者，農夫也。」

「分人以財謂之惠。教人以善謂之忠。為天下得人者謂之仁。是故以天下與人易，

君臣互敬方稱義，夫婦內同而外異。
長幼須依大小排，友朋誠信成高誼。

堯曰慰民嘉勉之，匡之使直正無疵。
須予幫助加防護，遂使心明有自知。
黎遮既然接受益，當能揚德彰人格。
聖人如此苦憂民，怎有餘暇耕種麥？

堯憂惟恐舜無隨，舜慮禹臯陶未陪。
百畝愁耕之不易，則為鄉里卓農哉。

教民以善為忠治，財物能分成惠事。
為眾求賢乃係仁，故將天下貽人易。

為天下得人難。孔子曰：『大哉，堯之為君！唯天為大，唯堯則之，蕩蕩乎民無能名焉！君哉，舜也！巍巍乎有天下而不與焉！』

堯舜之治天下，豈無所用其心哉？亦不用於耕耳。

吾聞用夏變夷者，未聞變於夷者也。

陳良，楚產也。悅周公、仲尼之道，北學於中國。北方之學者，未能或之先也。彼所謂豪傑之士也。子之兄弟，事之數十年，師死，而遂倍之！

為天下得人難矣，孔子言堯偉萬端，
至大惟天堯效法，行為道德浩漫漫。

超奇事務多如雨，民竟難尋稱讚語。
舜具崇高到德風，君臨天下如無所。

堯舜既然天下肩，安能求善不心潛。
須從大體來思考，耕作忙中未及兼。

變夷用下吾聞述，變夏用夷從未悉。
儒者陳良楚地生，喜悅孔子周公術。
之北中原受鑄陶，北方儒者仰之高。
事渠多載爾昆仲，師死背之如棄袍。

昔者孔子沒，三年之外，門人治任將歸，入揖於子貢，相嚮而哭，皆失聲，然後歸。

子貢反，築室於場，獨居三年，然後歸。他日，子夏、子張、子游，以有若似聖人，

欲以所事孔子事之，彊曾子。曾子曰：『不可。江漢以濯之，秋陽以暴之，皜皜乎不可尚已！』今也南蠻鴃舌之人，非先王之道，子倍子之師而學之，

從前孔子身亡故，三載門人恭守墓。期滿同離揖別歸，皆思往昔啼難住。

子貢回還築室依，獨厝守歲慘然歸。子張子夏言游聚，以有若顏如聖徽。

擬如事仲尼師後，強怨曾參參曰否。孔子經江漢洗清，秋天烈日烘乾久。

光輝皎潔比之難，今也難蠻鴃舌倌。不採先王之聖道，子違師道學其端。

亦異於曾子矣。吾聞出於幽谷，遷於喬木者，未聞下喬木而入於幽谷者。魯頌曰：『戎狄是膺，荊舒是懲。』周公方且膺之，子是之學，亦為不善變矣！」

「從許子之道，則市賈不貳，國中無偽。雖使五尺之童適市，莫之或欺。布帛長短同，則賈相若。麻縷絲絮輕重同，則賈相若。五穀多寡同，則賈相若。屨大小同，則賈相若。」

與曾參語相衝突，聞鳥當從幽谷窟。
遷達超高樹築巢，未聞往谷修巢歇。
魯頌云戎狄是膺，荊舒也要受嚴懲。
周公且欲攻夷狄，而子師夷何太懵。

依從許子當歡忭，商品價同無偽偏。
五尺兒童不遇誆，同長布帛同輕賤。
同輕重量絮絲麻，尺碼如同屐履靴。
五穀只須同份量，價錢各各一般多。

曰：「夫物之不齊，物之情也。或相倍蓰，或相什伯，或相千萬。子比而同之。是亂天下也。巨屨小屨同賈，人豈為之哉？從許子之道，相率而為偽者也。惡能治國家！」

人間貨物非齊款，大小粗精和硬軟。
價格當然不會同，相差萬倍常明顯。
何能價格盡無差？鞋價無關普或奢。
尚有誰忙精美貨？許行道理甚歪斜！
盲從許子之邪說，必致人群貪偽譎。
縱使由其治國家，徒增謬誤空悲切！

五、墨者夷之章

墨者夷之，因徐辟而求見孟子。孟子曰：「吾固願見，今吾尚病。病愈，

夷之墨者求徐辟，介紹趨前來請益。
孟子回言原願見；惟吾尚病須瘳適。

我且往見，夷子不來。」他日，又求
見孟子。孟子曰：「吾今則可以見矣。
不直，則道不見，
我且直之。吾聞夷子墨者，墨之治喪
也，以薄為其道也。夷子思以易天下，
豈以為非是而不貴也？
然而夷子葬其親厚，則是以所賤事親
也。」徐子以告夷子。夷子曰：「儒
者之道，
古之人『若保赤子』，此言何謂也？
之則以為愛無差等，

吾當往見勿今來。他日重求心來灰。
覆曰今欣能接見，不教直道受朦哉。
余今且願予糾正，墨子治喪崇儉行。
夷子遵思變九州，如非薄葬無人敬。
但是夷之厚葬親，無疑以賤是尊人，
隨之徐辟詢夷子，答曰知儒者奉遵。
愛民古聖有宗旨，若保初生之赤子。
此語耐人尋味呼？惟吾任愛無賢鄙。

施由親始。」徐子以告孟子，孟子曰：「夫夷子信以為人之親其兄之子，為若親其鄰之赤子乎？

彼有取爾也。赤子匍匐將入井，非赤子之罪也。

且天之生物也，使之一本，而夷子二本故也。

蓋上世嘗有不葬其親者，其親死，則舉而委之於壑。他日過之，狐狸食之，蠅蚋姑嘬之。其顙有泚，睨而不視。夫泚也，非為人泚，中心達於面目。

愛由親始是同科，徐子傳言轉孟軻。
答曰渠真相信愛，兄兒鄰子不偏頗？

書經此語涵他意，赤子爬將逢井墜。
雅幼無知有罪乎？民需教護同其義。

天生物本一為原，父母為唯一本根。
夷子愛兼成二本，他人父母亦同尊。

曩時有鄙夫情薄，親死棄之於澗壑。
他日途經見野狐，方將父母遺屍嚼。
蠅蚊蛣聚向屍攢，不免顏流汗水薄。
兩眼斜瞻殊不忍，憂慚愧悔達心肝。

蓋歸，反虆梩而掩之。掩之，誠是也。
則孝子仁人之掩其親，亦必有道矣。」
徐子以告夷子。夷子憮然。為間，曰：
「命之矣。」

棄家取器埋屍好，方悟埋屍宜趁早。
孝子仁人厚葬親，誠然具有其真道。
此言徐子告夷之，夷子難禁失落姿。
沈默多時心悟曰：承蒙孟子示吾知。

滕文公下篇

一、陳代章

陳代曰：「不見諸侯，宜若小然。今一見之，大則以王，小則以霸；且志曰：『枉尺而直尋』，宜若可為也。」孟子曰：「昔齊景公田，招虞人以旌，不至。

陳代詢云恕我謅：吾師何不見諸侯？
豈因小節須拘執？如往當能使到酬。
成功若小侯成霸，大則三綱威九夏。
且古志云一尺冤，贏回八倍連成價。
吾師若試可成功。孟子因云齊景公，
田獵持旌招苑史，吏知背禮故裝聾。

將殺之。『志士不忘在溝壑，勇士不忘喪其元。』孔子奚取焉？取非其招不往也。如不待其招而往，何哉？且夫枉尺而直尋者，以利言也。如以利，則枉尋直尺而利，亦可為與？」

「昔者趙簡子使王良與嬖奚乘，終日而不獲一禽。嬖奚反命曰：『天下之賤工也。』或以告王良。良曰：『請復之。』

景公思殺無輕罰。孔子聞知稱讚發：
志士無望死壑溝，英雄不懼拋顱骨。
孔子緣何讚美昭？因渠守禮不應昭。
爭能不待諸侯聘，徑往侯家求禮邀？
枉尺贏回尋值者，原來以利言之也。
斯言卻枉八伸單，則係貪心存苟且！
趙簡家臣曰嬖奚，王良善御馬無嘶。
命良為嬖奚田御，終日無禽見日低。
嬖奚反命云吾遇，天下低能之見御。
或有傳聞告訴良。回言請再為奚馭。

彊而後可。一朝而獲十禽。嬖奚反命曰：『天下之良工也。』簡子曰：『我使掌與女乘。』謂王良，良不可，曰：『吾為之範我馳驅，終日不獲一。為之詭遇，一朝而獲十。詩云：『不失其馳，舍矢如破。』我不貫與小人乘，請辭！」「御者且羞與射者比，比而得禽獸，雖若丘陵，弗為也。如枉道而從彼，何也？且子過矣！枉己者，未有能直人者也。」

三回固請必勝任，僅清晨獲十禽。
反命奚云今宇內，王良馭計最精深。
簡子云精哉技蹟，專為汝駕當無斁。
徵良意見但梁云：按範驅全天不獲。
違規御駕射偏頻，僅一朝時獲十鶉。
詩曰馳驅尊法則，須能射物準如神。
余誠難做卑人使，故不堪任茲職矣。
御者羞為射者馳，禽雖山積心無視。
無端自己屈無莊，非復原先義氣揚。
雖見人彎思使直，枉為夢想近荒唐。

二、景春章

景春曰：「公孫衍、張儀，豈不誠大丈夫哉！一怒而諸侯懼，安居而天下熄。」

孟子曰：「是焉得為大丈夫乎？子未學禮乎？丈夫之冠也，父命之。女子之嫁也，母命之。往送之門，戒之曰：『往之女家，必敬必戒，無違夫子。』以順為正者，妾婦之道也。

景春詢曰公孫衍，並魏張儀皆善變。
一怒而諸侯懼惶，平居則九州安逸。
二人誠大丈夫哉。孟子回言禮不該。
始冠男丁遵父命，女婚母戒百千回。
送之門曰言須戒，必敬無違夫子話。
故以順從為正規，無非妾婦之宗派。

居天下之廣居，立天下之正位，行天下之大道。得志，與民由之；不得志，獨行其道。富貴不能淫，貧賤不能移，威武不能屈，此之謂大丈夫。」

仁居天下寬舒宅，禮坐四方端正席。
義走神州大道途，志酬謀使黎民懌。
矢志修身正道循，無因富貴亂淫心。
貧窮卑賤無移至，威武當前拒挫沉。
三者恭行不越踰，畢生挺立不沾污。
毀譽寵辱由天命，方配稱為大丈夫。

三、周霄章

周霄問曰：「古之君子仕乎？」孟子曰：「仕。傳曰：『孔子三月無君，則皇皇如也，

周霄問曰古鴻儒，亦若今之出示與？
曰仕古書云孔子，無君三月則惶如。

出疆必載質。』公明儀曰：『古之人三月無君則弔。』」

「三月無君則弔，不以急乎？」曰：「士之失位也，猶諸侯之失國家也。

禮曰：『諸侯耕助，以供粢盛，夫人蠶繅，以為衣服。

犧牲不成，粢盛不潔，衣服不備，不敢以祭。

惟士無田，則亦不祭。』牲殺、器血、衣服不備，不敢以祭，則不敢以宴，亦不足弔乎？」

隨身帶贄方離轉。備見他邦君主面。
魯國公明儀亦云：無君三月悲情現。
無君三月現悲如，無乃操之過急乎？
曰：士丟官失位，諸侯失國奚同塗。
禮曰諸侯耕助勠，供應祭祀之糧穀。
夫人親自事蠶繅，以備縫裁成祭服。
牛羊祭品如消瘦，祭器粢梁不清潔。
禮服當時猶未備，由來祭禮不能行。
士缺圭田非祭友。牛羊器皿衣無有，
先無祭後宴無參，怎不傷心兼疾首？

「出疆必載質，何也？」曰：「士之仕也，猶農夫之耕也。農夫豈為出疆舍其耒耜哉？」曰：「晉國亦仕國也，未嘗聞仕如此其急。仕如此其急也，君子之難仕，何也？」曰：「丈夫生而願為之有室，女子生而願為之有家；父母之心，人皆有之；不待父母之命，媒妁之言，鑽穴隙相窺，踰牆相從，則父母國人皆賤之。

離疆載贄究何哉？仕譬農夫耜理推，
豈出疆時田具棄？晉邦出仕仕喧豗，
未聞思仕如斯急，思仕如斯知性疾。
君子緣何就仕難？生男願娶其家室。
女兒生願女當家，父母之心實可嘉。
不待雙親申命令，無由媒妁美言誇。
挖穿壁孔相偷看，跳躍牆頭私遠竄。
父母國人皆賤之，人生到此徒興歎。

古之人未嘗不欲仕也，又惡不由其道。不由其道而往者，與鑽穴隙之類也。」

四、彭更章

彭更問曰：「後車數十乘，從者數百人，以傳食於諸侯，不以泰乎？」

孟子曰：「非其道，則一簞食，不可受於人。如其道，則舜受堯之天下，不以為泰。子以為泰乎？」

曰：「否，士無事而食，不可也。」

曰：「子不通功易事，以羨補不足，則農有餘粟，女有餘布。

大孝揚名以顯親，昔賢求仕未逡巡。
若因求仕非由道，猶似踰牆鑽穴人。

彭更問曰遠離居，數百門徒幾十車。
到處諸侯皆款待，豈非過分受恩與？

如非其道僅簞食，不可無端蒙惠賜。
合道江山唐禪虞，子安可認超其值？

當然否定士蹉跎，猶食於人真可嗟。
子若不通無與有，農餘粟米女餘紗。

子如通之，則梓匠輪輿，皆得食於子。於此有人焉，入則孝，出則弟，守先王之道，以待後之學者，而不得食於子。子何尊梓匠輪輿，而輕為仁義者哉！」

曰：「梓匠輪輿，其志將以求食也。君子之為道也，其志亦將以求食與？」

曰：「子何以其志為哉！其有功於子，可食而食之矣。且子食志乎？食功乎？」曰：「食志。」曰：「有人於此，毀瓦畫墁，其志將以求食也，

子如以剩換原少，木匠車工無懊惱。
若有其人孝悌兼，誠如格守先王道。

以待傳薪與後儒，而偏遭子拒於途。
緣何尊木工車匠，輕待為仁義者乎？

木匠車工無大欲，無非求食能知足。
君之運道以求行，豈志亦焉求食慾？

何須強調志焉因。凡要有功於子身，
賜食於渠非悖理，為詢因志諸饗諸。

抑或因功方照顧？答云食志之原故。
來將瓦畫墁摧殘，問志為求餐酒鋪。

則子食之乎？」曰：「否。」曰：「然則子非食志也，食功也。」

子猶甘願食之與？答曰當然不致於。雖則非依其志也，因功方給食於渠。

五、宋小章

萬章問曰：「宋，小國也，今將行王政。齊楚惡而伐之，則如之何？」

孟子曰：「湯居亳，與葛為鄰。葛伯放而不祀，湯使人問之曰：『何為不祀？』曰：『無以供犧牲也。』湯使遺之牛羊。葛伯食之，又不以祀。湯又使人問之，曰：『何為不祀？』曰：『無以供粢盛也。』

萬章問宋小邦畿，王政將行天下知，齊楚惡之而欲伐，如何應付可無虧？

孟子云湯居亳始，鄰邦葛竟然無祀。湯臣問曰祀何無？答曰無犧牲畜耳。

湯為祭祀送牛羊，葛伯肴之祀竟忘。又復著人詢此事，回云缺黍麥高粱。

湯使亳眾，往為之耕，老弱饋食。葛伯率其民，要其有酒食黍稻者奪之，不授者殺之。有童子以黍肉餉，殺而奪之。書曰：『葛伯仇餉。』此之謂也。」「為其殺是童子而征之，四海之內，皆曰：『非富天下也，為匹夫匹婦復讎也。』

湯始征，自葛載，十一征而無敵於天下。

東面而征，西夷怨，南面而征，北狄怨。

湯敦亳眾教田活。老弱司中餐送達。
葛伯揮民路上攔，將濃酒饍憑空奪。
凡不肯交遭必伐。童持黍肉亦逢殃。
書云葛伯仇湯餉。海內皆稱要報償。

動武湯先將葛挫。同情宇內齊聲賀。
凡征十一次方停，無道多邦全擊破。

禹甸咸云非富謀，單為百姓復冤仇。
朝東討伐西夷怨，南面而征北狄求。

曰：『奚為後我？』民之望之，若大旱之望雨也。歸市者弗止，芸者不變。誅其君，而弔其民，如時雨降。民大悅。書曰：『徯我后，后來其無罰。』

『有攸不為臣，東征，綏厥士女，篚厥玄黃，紹我周王見休，惟臣附於大邑周。』

曰緣何故來遲緩？民仰望湯如大旱，
亟盼甘霖降下來。市場依舊人潮滿。
農夫照舊事耕耘，湯僅根除殘暴君。
安撫哀傷眾百姓，猶如大旱降甘霖。
結果烝民皆額手，書云等待吾王久。
吾王駕到解吾枷，無復暴君施踐蹂。
書云風未統必請：猶有諸侯助紂獰，
不肯對周全順服，武王無奈向東征。
安撫災荒窮苦客。民持籃內玄黃帛，
欣云誠願事周王，常沐甘霖仁德澤。

其君子實玄黃於匪，以迎其君子。其小人簞食壺漿，以迎其小人。救民於水火之中，取其殘而已矣。」「太誓曰：『我武惟揚，侵于之疆，則取于殘，殺伐用張，于湯有光。』不行王政云爾，苟行王政，四海之內，皆舉首而望之，欲以為君；齊楚雖大，何畏焉！」

商臣布帛篚中填，路接周官示樂欣。
殷眾飯盛於竹簍，壺槳美酒款來軍。
周王征伐非深奧，乃救人民離虐暴。
太誓篇云我武楊，克攻紂土將腥掃。
除殘去紂大功勞，尤較商湯伐桀高。
王政能行於宋否？真施仁義萬民褒。
海內黎民將首仰。同心尊奉為君長。
北齊南處國雖強，勢必侵吞成夢想。

六、戴不勝章

孟子謂戴不勝曰：「子欲子之王之善與？我明告子。有楚大夫於此，欲其子之齊語也。

則使齊人傅諸？使楚人傅諸？」曰：「使齊人傅之。」曰：「一齊人傅之，眾楚人咻之。

雖日撻，而求其齊也，不可得矣。

仕宋希王能向善，專程戴不勝詢懇。
答云有楚大夫焉，意欲渠兒齊語穩。
其師究竟請齊嘉，抑或楚人合適耶？
聘請齊人當較善。周圍盡是楚聲譁。
齊人一位教齊翰，楚眾楚言旁擾亂。
縱使天天戒尺施，渠之齊語仍超爛。

引而置之莊嶽之間數年，雖日撻而求其楚，亦不可得矣。

子謂薛居州，善士也。使之居於王所。

在於王所者，長幼卑尊，皆薛居州也，王誰與為不善？

在王所者，長幼卑尊，皆非薛居州也，王誰與為善？一薛居州，獨如宋王何？」

若使移居莊嶽間，齊言齊語滿廛闤。數年之後雖鞭打，求發楚言千萬艱。

子謂薛居州善直，因之薦譽居王側。期能隨之侍宋時，力勸宋王施懋德。

如王左右為低高，大小官員持節操。盡係薛居州樣善，王思作歹亦徒勞？

但若今王之左右，無人係薛居州夥。王同誰去作慈仁？一薛居州誠未妥。

七、不見諸侯章

公孫丑問曰：「不見諸侯，何義？」
孟子曰：「古者，不為臣不見。段幹木踰垣而辟之，
泄柳閉門而不內，是皆已甚。
迫，斯可以見矣。陽貨欲見孔子，而惡無禮。
大夫有賜於士，不得受於其家，則往拜其門。

公孫丑問戒關懷；不見諸侯何故哉？
古者未為臣不晤，段干木避跳牆隗。
因前未仕其朝故，泄柳關門為拒晤。
蓋昔原非魯繆臣，雖皆過分惟無誤。
國君求晤迫如煎，也即應當相見歡。
陽或希望尼赴往，恐人譏笑禮無端。
從前士出門知止，假若大夫親賜禮。
受者須恭表謝忱，躬身往拜其家邸。

陽貨矙孔子之亡也，而饋孔子蒸豚。孔子亦矙其亡也，而往拜之。當是時，陽貨先，豈得不見？」「曾子曰：『脅肩諂笑，病于夏畦。』子路曰：『未同而言，觀其色赧赧然，非由之所知也。』由是觀之，則君子之所養，可知已矣。」

楊貨聞尼父未還，躬親送至府蒸豜。無何孔子亦偵彼，不在家時往拜焉。假如洋貨心誠善，孔子豈能堅不見？曾子曾云聳兩肩，裝成討好之顏面。累過暑天耕耨男。仲由言道異相談。分明不欲而佯願，羞愧顏紅我未諳。君子平時言行識！並具涵養之馨德。能由上述數人知，可作後來之準則。

八、戴盈之章

戴盈之曰：「什一，去關市之征，今茲未能。請輕之，以待來年，然後已，何如？」孟子曰：「今有人日攘其鄰之雞者。或告之曰：『是非君子之道。』曰：『請損之，月攘一雞，以待來年，然後已。』如知其非義，斯速已矣，何待來年？」

戴盈之曰師吩咐，什一之征輕稅賦。
關市貨捐必免除，明年辦理應無誤。
今年稅率會微低，夫子高明請示批。
孟子回言如某甲，每天偷取左鄰雞。
或告之云須改易，此非君子之良策。
云金容我減貪求，每月僅偷雞一隻。
以待來春歇手焉。明知非正義於先，
當須即刻予修正，何必推延至翌年？

九、公都子章

公都子曰：「外人皆稱夫子好辯，敢問何也？」孟子曰：「予豈好辯哉？予不得已也。天下之生久矣。一治一亂。當堯之時，水逆行。

氾濫於中國。蛇龍居之。民無所定。

下者為巢，

上者為營窟。書曰：『洚水警余。』洚水者，洪水也。」「使禹治之。

公都子曰：聞聲喊師好辯兮人共感。
敢問緣何有此言？答云妄議吾安敢！
吾人不得已為之，人類生存歷久時。
變亂承平相互轉，堯年洪水逆流馳。
氾濫神州淹各處，龍蛇還取叢林住。
黎民覓所以容身，低地營巢居巨樹。
高岑群眾穴安居。古尚書云帝舜獻：
洪水警余因命禹：全權治洚以除淤。

禹掘地而注之海，驅蛇龍而放之菹。水由地中行。江、淮、河、漢是也。險阻既遠，鳥獸之害人者消，然後人得平土而居之。堯舜既沒，聖人之道衰。暴君代作，壞宮室以為汙池。民無所安息。棄田以為園囿，使民不得衣食，邪說暴行又作。園囿、汙池、沛澤多而禽獸至。及紂之身，天下又大亂。周公相武王，

禹濬深渠成巨水，引洪灌注於東海。
蛇龍驅至澤萊中，流水從高朝下滙。
江淮河水漢之源，氾濫洪災已不存。
鳥獸傷人之患解，君民平土住平原。
唐堯虞舜成遺跡，聖道衰微殘政積。
暴虐君王相繼興，民居毀壞為污澤。
群黎失所不安眠，置囿治園棄沃田。
民食民衣因此缺，邪言暴行漸纏緜。
園池沛澤增多後，逐漸棲遲禽與獸。
殷紂王時亂有加，周公相武王匡救。

誅紂伐奄，三年討其君，驅飛廉於海隅而戮之。滅國者五十。驅虎豹犀象而遠之。天下大悅。書曰：『丕顯哉，文王謨！丕承哉，武王烈！佑啟我後人，咸以正無缺。』

世衰道微，邪說暴行有作，臣弒其君者有之，子弒其父者有之。孔子懼，作春秋。春秋，天子之事也。是故，孔子曰：『知我者，其惟春秋乎？罪我者，其惟春秋乎？』」

紂王滅後伐奄王，三載終於奄滅亡。
驅戮飛廉於海畔，隨之五十國皆喪。
虎豹象犀皆遠踱，普天之下同懽樂。
書云創業放光明，乃是文王之聖略。
武王承繼烈無差！開導成康分外嘉。
一致依從純正道，隨時避免有疵瑕。
世道衰微隨日徒，邪言暴行重興起。
頻仍篡弒仲尼憂，遂著春秋成信史。
明褒確貶據真修，本是帝王之事由。
孔子因云知我者，加吾以罪悉春秋。

「聖王不作，諸侯放恣，處士橫議，楊朱、墨翟之言盈天下。天下之言，不歸楊，則歸墨。楊氏為我，是無君也；墨氏兼愛，是無父也。無父無君，是禽獸也。公明儀曰：『庖有肥肉，廄有肥馬，民有飢色，野有餓莩，此率獸而食人也。』楊、墨之道不息，孔子之道不著，是邪說誣民，充塞仁義也。仁義充塞，則率獸食人，人將相食，吾為此懼，

聖王不作王綱墜，各地諸侯俱放恣。
在野名人妄議論，楊朱墨翟何滋熾！
今天下勢兩交欣，墨翟親疏總不分。
乃是心中無父在，楊朱為我乃忘君。
無父無君禽獸列，公明儀氏曾評曰：
廚中脂肉吃餘多，肥馬廄房芻不竭。
黎民面現色如霾，野地餓屍身若柴。
率獸食人無異也。墨楊邪說正開懷。
孔夫子道悲難展，謬論誣民仁義踐。
率獸人群將互殘，吾為此懼憂難免。

閑先聖之道，距楊、墨，放淫辭，邪說者不得作。

作於其心，害於其事；作於其事，害於其政。

聖人復起，不易吾言矣。」「昔者禹抑洪水，而天下平。

周公兼夷狄，驅猛獸，而百姓寧。孔子成春秋，而亂臣賊子懼。

詩云：『戎狄是膺，荊舒是懲，則莫我敢承。』無父無君，

道自聖賢吾扞承，倡言思想錯當懲。
根除楊墨歪邪語，務使荒唐道不興。

邪說心中生出快，行為工作罹危害。
如斯兩者既偏邪，政治怎能單例外！

既使聖人能復生，必皆不改我言誠。
從前夏禹治洪水，天下多年慶太平。

周公併狄夷邦捷，猛獸胥驅離庶愜。
孔子成春秋聖書，亂臣賊子皆驚懾。

詩云排斥狄同戎。失禮荊舒須懲攻，
則沒有誰能拒我。無君父者固雷同。

是周公所膺也。我亦欲正人心，息邪說，距詖行，放淫辭。

以承三聖者。豈好辯哉？予不得已也。能言距楊、墨者，聖人之徒也。」

亦是周公須必翦，予思端正人心版。
消除詖行息邪說，務使荒唐言盡刬。

為承三聖必開來，予豈天生好辯哉。
不得已時楊墨拒，聖人之徒固應該。

十、匡章章

匡章曰：「陳仲子，豈不誠廉士哉！居於陵，三日不食，耳無聞，目無見也。

井上有李，螬食實者過半矣。匍匐往將食之，三咽，然後耳有聞、目有見。」

孟子曰：「於齊國之士，

匡章問曰察齊區，仲子陳家廉士乎？
居住於陵三日餓，耳無聞響目模糊。

井邊李熟螬蠐蝕，過半而渠仍採食。
吞嚥三回耳目明答曰：選士於齊國，

吾必以仲子為巨擘焉。雖然，仲子焉能廉。充仲子之操，則蚓而後可者也。夫蚓，上食槁壤，下飲黃泉。

仲子所居之室，伯夷之所築，抑亦盜跖之所築與？所食之粟，伯夷之所樹與？抑亦盜跖之所樹與？是未可知也。」

曰：「是何傷哉！彼身織屨，妻辟纑，以易之也。」

當推仲子最超前；然則非云此士廉！
推演其無求操守，變成蚯蚓始安恬。
無求於世維蚯蚓。食土飲泉真可憫。
仲子真能如是乎？詢其食住方公允。
仲子臥房誰築遺？伯夷盜跖不能知。
充飢粟米何人種？二老難知究是誰。
曰於仲子何傷事？住屋食糧非受賜。
渠織草鞋妻紡麻，用來交換其同值。

仲子，齊之世家也。兄戴，蓋祿萬鍾。以兄之祿，為不義之祿，而不食也，以兄之室為不義之室，而不居也。辟兄離母，處於於陵。

他日歸，則有饋其兄生鵝者。己頻顣曰：『惡用是鶂鶂者為哉？』他日，其母殺是鵝也。

與之食之，其兄自外至，曰：『是鶂鶂之肉也。』出而哇之。

世家門第在齊邦，兄戴繼承於蓋疆。坐享萬鐘之食祿，認兄不義受斯糧。

兄房不義無功祿，乃遠離兄糧及屋。拒絕同餐同室堂，避兄離母於陵宿。

某天歸遇饋兄鵝，頻皺眉云：莫奈何，鶂鶂之聲無用處。一天母殺復烹過。

恰當食際兄回馬。曰鶂鶂聲之肉也。渠即飛奔出大門，哇完而後心舒寫。

以母則不食，以妻則食之。以兄之室則弗居，以於陵則居之。是尚為能充其類乎？若仲子者，蚓而後充其操者也。」

慈親賜食拒何愚，妻室之餐吃不餘。兄長房齋偏弗住，於陵屋宅則欣居。行為表現人倫忤，高尚清廉傷鑄錯。若以渠偏而議之，譬如蚯蚓方無誤。

離婁上篇

一、離婁章

孟子曰：「離婁之明，公輸子之巧，不以規矩，不能成方員。師曠之聰，不以六律，不能正五音。堯舜之道，不以仁政，不能平治天下。

孟曰離婁目特明，公輸般技一何精。
圓規曲尺如無有，器物方圓製不成。
師曠之聰雖耳賴；陰陽六律如忘記，
面前縱有瑟琴箏，但正五音成妄冀。
堯舜芳馨萬古流，善心聖道創嘉猷。
當時若不行仁政，也必無從理九州。

今有仁心仁聞，而民不被其澤，不可法於後世者，不行先王之道也。

故曰：徒善不足以為政，徒法不能以自行。

「詩云：『不愆不忘，率由舊章。』遵先王之法而過者，未之有也。

聖人既竭目力焉，繼之以規矩準繩，以為方員平直，不可勝用也。

既竭耳力焉，繼之以六律正五音，不可勝用也。

今有仁心仁聞顯，民終不獲其恩典。
亦非模範樹千秋，因未先王之道踐。

故云徒善且休誇，無律不能治國家。
有法而仁心缺乏，人民也必怨交加。

詩云要正休邪惡，不可遺忘遵道作。
必照先王舊典章。行仁舊制從無錯。

古聖眼眸竭力為，發明曲尺準繩規。
方圓曲尺東西製，多項用途皆合宜。

耳力不餘窮古聖，又憑六律調音正。
迄今鐘鼓管絃鳴，應用無窮宜受敬。

既竭心思焉，繼之以不忍人之政，而仁覆天下矣。

故曰：『為高必因丘陵，為下必因川澤。為政不因先王之道，可謂智乎？』

是以惟仁者宜在高位，不仁而在高位，是播其惡於眾也。

上無道揆也，下無法守也。朝不信道，工不信度，

君子犯義，小人犯刑，國之所存者，幸也。

心思既竭乃如潮，制定行仁之法條。
不忍人兮恩德著，遂垂後世日同昭。

故曰為低因澤藪，為高勢必依陵阜。
治邦若不法先王，豈可稱為明智否？

是以惟心有愛仁，方宜統治秉洪鈞。
不仁而據超高位，是惡播傳於眾人。

上無道德審機宜，下少典章維協洽。
大夫不存義理心，匠工難信衡量法。

千官作勢離仁義，百姓平居犯典刑。
邦國猶存於世者，全歸僥倖致安寧。

故曰：城郭不完，兵甲不多，非國之災也。田野不辟，貨財不聚，非國之害也。

上無禮，下無學，賊民興，喪無日矣。

詩曰：『天之方蹶，無然泄泄。』泄泄，猶沓沓也。

事君無義，進退無禮，言則非先王之道者，猶沓沓也。

故曰：青難於君謂之恭，陳善閉邪謂之敬，吾君不能謂之賊。」

故云城郭非堅大，兵甲不多無禍害。
田野未開財未豐，亦難否定平安泰。

君王禮義若空如，在下臣民教育無。
禍亂趁機興起後，滅亡災禍在須臾。

詩云天欲邦亡慘，泄泄之聲須勿喊。
泄泄猶如沓沓言，隨和怠慢應為憯。

事君無義作良方，進退周旋將禮忘。
開口違先王聖道，趨炎附勢亂雌黃。

故云責難於其側，方算對渠恭至極。
陳善除邪是故焉，言均不會稱為賊。

二、規矩章

孟子曰：「規矩，方員之至也；聖人，人倫之至也。欲為君，盡君道；欲為臣，盡臣道。

二者皆法堯舜而已矣。

不以舜之所以事堯事君，不敬其君者也。不以堯之所以治民治民，賊其民者也。

規矩方圓之其全，人倫聖教賴綿延。
故君須盡君王道，臣道宜為陳守堅。
兩者皆維堯舜腦，因師之聖無煩惱。
推崇孔子及詩經，警告君臣休暴道。
事君不效舜精忠，事對其尊欠敬恭。
未法帝堯治百姓，為戕黎庶逞殘兇。

孔子曰：『道二：仁與不仁而已矣。』暴其民甚，則身弒國亡。不甚，則身危國削。名之曰『幽』、『厲』，雖孝子慈孫，百世不能改也。詩云：『殷鑒不遠，在夏后之世。』此之謂也。」

三、三代章

孟子曰：「三代之得天下也，以仁；其失天下也，以不仁。國之所以廢興存亡者亦然。

孔曰治邦惟二徑：行仁或不行仁政。
人民受虐亂難禁，社稷覆亡君殞命。
暴虐縱然受剷平，身危國削受譏評。
千秋謚號為幽厲，孝子賢孫改不成。
詩云殷鏡可資閱，映照前朝王夏桀。
奉勸君宜法堯舜，莫循幽厲兇車轍。

孟芸自夏至周人，獲得神州各以仁。
喪失九壤由暴虐，國家興廢亦同因。

天子不仁，不保四海；諸侯不仁，不保社稷；卿大夫不仁，不保宗廟；士庶人不仁，不保四體。今惡死亡，而樂不仁，是猶惡醉而強酒。」

王侯仁愛如堅拒，不克保全其領土。
諸卿大夫若不仁，則其宗廟他人取。
士人百姓缺仁歡，雖保個人生命安。
若樂部仁而怕死，是猶惡醉愛杯乾。

四、愛人章

孟子曰：「愛人不親，反其仁。治人不治，反其智，

孟云我愛人如火，結果仍遭疏遠我，
則要反躬問自身，可能吾愛猶偏頗。
吾治眾蔗校淪煙，則要卑躬自問詢；
豈是智能皆不足，須求改進莫因循。

禮人不答，反其敬。

行有不得者，皆反求諸己。其身正，而天下歸之。

詩云：『永言配命，自求多福。』」

五、恒若章

孟子曰：「人有恒言，皆曰：『天下國家。』天下之本在國，國之本在家，家之本在身。」

吾施禮貌顏溫潤，結果無人回我敬，
是故恒須覓本因，加深恭態容儀正。
大凡事與願相違，務必回頭覓己非。
苟若自身純正直，當然天下盡歸來。
詩云要對己誠服，配合自然之化育。
懇切祈求上帝聽，即蒙恩降千般福。

孟云舉世恒傾吐：天下國家成口語。
未必皆能本末明。容吾特此言清楚：
九州之本在諸邦，邦本在家各熾昌。
廣義之家為采邑，家之基本在身香。

六、為政章

孟子曰：「為政不難，不得罪於巨室。
巨室之所慕，一國慕之；
一國之所慕，天下慕之。故沛然德教
溢乎四海。」

孟曰為政並不難，通融巨室即恬安。
世臣巨室心誠慕，舉國人民自悅歡。
一國臣民紛仰慕，隨之天下趨如鶩。
沛然德教廣流行，遍及九州攔不住。

七、天下有道章

孟子曰：「天下有道，小德役大德，
小賢役大賢；
天下無道，小役大，弱役強。

孟曰神州有道存，諸侯德行是依循。
德低聽命於高者，才小唯才大是遵。
神州道泯今時顯，弱國依從強國轉。
地小須熬地大欺，最終甚至成鷹犬。

斯二者，天也。順天者存，逆天者亡。

齊景公曰：『既不能令，又不受命，是絕物也。』涕出而女於吳。

今也小國師大國，而恥受命焉，是猶弟子而恥受命於先師也。

如恥之，莫若師文王。師文王，大國五年，小國七年，必為政於天下矣。

詩云：『商之孫子，其麗不億，上帝既命，侯于周服。

二者由誰決否臧？順天生存逆天亡。
當年齊景曾流淚，嫁女於吳欲斷腸。
公云：既不施令，又不甘心親受命，
豈在人前自絕乎？因兵不若吳強勁。
小國師齊大國肩，不甘受命豈安全？
猶如弟子蒙師訓，師命恥於收接焉。
果真知恥崇明德，莫若師文王典則。
邦大五年小七年，必能為政於全域。
詩云商代子孫飆，何止千千萬裔苗。
上帝飭文王受命，只能遵命服周朝。

侯服于周，天命靡常。殷士膚敏，祼將于京。』

孔子曰：『仁不可為衆也。』夫國君，好仁天下無敵。

今也欲無敵於天下，而不以仁，是猶執熱而不以濯也。

詩云：『誰能執熱，逝不以濯？』」

臣服周朝非譎詭，為承天命須更遞。
殷臣才敏具威容，也晉周京行祼禮。
孔子讀詩頌贊明：真仁不懼敵多氓。
邦君若確行仁政，天下無人能抗衡。
今求無敵於天下，仁政施行偏怠惰。
是若炎天心地惶，熱時不濯同非妥。
詩經大雅有柔桑：熾熱炎炎不可當，
誰復終能憑手執。而無冷水濯之涼？

八、不仁章

孟子曰：「不仁者可與言哉！安其危，而利其菑，樂其所以亡者。不仁而可與言，則何亡國敗家之有？有孺子歌曰：『滄浪之水清兮，可以濯我纓；滄浪之水濁兮，可以濯我足。』孔子曰：『小子聽之：清斯濯纓，濁斯濯足矣。自取之也。』

孟云不是人之夥，是不能談真道者。
危險當頭渾不知，以為處竟安全也。
明明災禍及來侵，反以為祥會蒞臨。
一味追求邪惡事，不知亡國自荒淫。
確是非仁猶與觸，則無邦國匪能續？
昔童言及水滄浪，輕濯吾纓渾濯足。
孔子開言小子聽，水清宜濯帽簪纓。
水濁只刷兒童足，歧異原曲水自成。

夫人必自侮，然後人侮之；家必自毀，而後人毀之；國必自伐，而後人伐之。太甲曰：『天作孽，猶可違；自作孽，不可活。』此之謂也。」
夫人必自相戕併，外界才趁機侮釁。
家敗於先人後傾，國先自伐人方躪。
太甲篇云天孽遭，猶堪奮力避風濤。
如人自己釀災禍，則不能從死路逃。

九、桀紂章

孟子曰：「桀紂之失天下也，失其民也；失其民者，失其心也。得天下有道，得其民，斯得天下矣。得其民有道，得其心，斯得民矣。得其心有道，所欲與之聚之，所惡勿施爾也。
孟子評云桀紂論，失天下自失民心。
反之獲得全天下，天下歸心民意深。
獲得民心存道篤，合理需求皆滿足。
所厭纖毫不實施，隨時接受民監督。

民之歸仁也，猶水之就下，獸之走壙也。故為淵敺魚者，獺也；為叢敺爵者，鸇也；

為湯武敺民者，桀與紂也。「今天下之君有好仁者，則諸侯皆為之敺矣。雖欲無王，不可得已。今之欲王者，猶七年之病求三年之艾也。苟為不畜，終身不得。苟不志於仁，終身憂辱，以陷於死亡。詩云：『其何能淑？載胥及溺。』此之謂也。」

民歸仁也水流淵，野獸狂奔曠野邊。
澤內趨魚為水獺，林中趕雀有風鸇。

驅民誰使歸湯武？桀紂夏商王國主。
現若吾君特愛仁，諸侯悉趕民歸聚。
時機到達莫傍徨，因必成為天下王。
欲統神州誰不想，措施何可太乖張？

病七年時何仰賴，須求三載之陳艾。
如今不立即儲存，雖覓畢生無計奈。
志仁意若沒分毫，憂辱終生死患熬。
詩曰如何能善了，終將全溺不能逃。

十、自暴章

孟子曰：「自暴者，不可與有言也；自棄者，不可與有為也。言非禮義，謂之自暴也；吾身不能居仁由義，謂之自棄也。仁，人之安宅也；義，人之正路也。曠安宅而弗居，舍正路而不由，哀哉！」

孟云遇自暴之廝，不可論談道妙辭。
自棄崇高人格者，怎能共事共行為？
言違禮義辭浮躁，只有名之為自暴。
自認不能行義人，謂之自棄難依靠。
仁為正大平安宅，義是光明喜樂途。
既棄平安廬不住，復行邪路可悲夫！

十一、道在爾章

孟子曰：「道在爾，而求諸遠，事在易，而求諸難。人人親其親，長其長，而天下平。」

孟云道已居前了，卻向荒遐尋浩渺。
事態原來甚簡單，偏朝難處求明瞭。
其實胥尊父母親，且皆愛弟敬諸兄。
家庭社會先安謐，天下當然享太平。

十二、居下位章

孟子曰：「居下位而不獲於上，民不可得而治也。獲於上有道，不信於友，弗獲於上矣。

位低信不獲高層，治理黎民怎可能？
有法能贏其主信，當先得友信為憑。

信於友有道，事親弗悅，弗信於友矣。悅親有道，反身不誠，不悅於親矣。誠身有道，不明乎善，不誠其身矣。是故，誠者，天之道也；思誠者，人之道也。至誠而不動者，未之有也。不誠，未有能動者也。」

有朋信任推敲訣，先事雙親招喜悅。
取悅椿萱有法循，應須自省誠無譎。
誠心誠意有良方，即是先明善最祥。
有善於心誠實在，誠為天道避災殃。
人之正道誠為首，不動人心從未有。
徒計空言誠未能，他人感動當為否。

十三、伯夷章

孟子曰：「伯夷辟紂，居北海之濱，聞文王作，興曰：『盍歸乎來！吾聞西伯善養老者。』

孟云在北海濱留，避紂伯夷言附周。
曰我將投西伯土，聞渠養老善無尤。

太公辟紂，居東海之濱，聞文王作，興曰：『盍歸乎來！吾聞西伯善養老者。』

二老者，天下之大老也，而歸之，是天下之父歸之也。天下之父歸之，其子焉往。

諸侯有行文王之政者，七年之內，必為政於天下矣。」

太公避紂離畿後，暫作逸民東海右。曰我往周西伯營，聞渠待老心寬厚。

二老為天下宿耆，無殊為父悉來歸。全邦父老皆依附，眾子當然不可違。

諸侯若慕文王治，戮力同心收緒墜。蒇事僅須於七年，必推仁政於全地。

十四、求也為季氏宰章

孟子曰：「求也為季氏宰，無能改於其德，而賦粟倍他日。孔子曰：『求，非我徒也，

季康家宰冉求居，對照先王制甚殊。賦粟較前增一倍，孔夫子斥匪吾徒。

小子鳴鼓而攻之，可也。』由此觀之，君不行仁政而富之，皆棄於孔子者也。況於為之強戰，爭地以戰，殺人盈野；爭城以戰，殺人盈城。此所謂率土地而食人肉，罪不容於死。故善戰者服上刑，連諸侯者次之，辟草萊、任土地者次之。」

十五、存乎人章

孟子曰：「存乎人者，莫良於眸子。眸子不能掩其惡。胸中正，則眸子瞭焉；胸中不正，則眸子眊焉。

徒宜鳴鼓宣其鄙。可見君無仁政美，
宰反為渠求富增，當然見棄於夫子。
何況為君強用兵，爭城以戰殺全城。
滅鄰奪土屠盈野，率地食人同樣獰。
罪不容誅當死議，故煩善戰宜市棄。
連諸侯者次其刑，闢土殖民應更次。

孟云判是否廉汙，未有良於察眼珠。
正直心胸瞳孔亮，心邪睛球暗模糊。

聽其言也，觀其眸子，人焉廋哉！」

眼珠不掩真心思，復細將渠言語記。
善惡廉貪即判明，人之邪正焉藏避。

十六、恭者章

孟子曰：「恭者不侮人，儉者不奪人。侮奪人之君，惟恐不順焉，惡得為恭儉？恭儉、豈可以聲音笑貌為哉？」

孟云國主若恭親，怎會無端欺侮人。
節儉君王能自律，從來不剝奪平民。
侮奪黎民君放恣，恐人不順從其意，
嬌情恭敬檢而廉，笑貌聲音難掩祟。

十七、淳于髡章

淳于髡曰：「男女授受不親，禮與？」
孟子曰：「禮也。」

淳于髡問孟軻叟：男女不能親授受，
是項行為合理乎？孟軻曰禮儀遵守。

曰：「嫂溺則援之以手乎？」曰：「嫂溺不援，是豺狼也。男女授受不親，禮也。嫂溺援之以手者，權也。」

曰：「今天下溺矣，夫子之不援，何也？」曰：

「天下溺，援之以道，嫂溺，援之以手。子欲手援天下乎？」

嫂溺親援豈恰當？答仍坐視是豺狼。
不親授受原為禮。救乃權宜是義方。

曰天下溺須援弱，夫子緣何無動作？
曰救人民水火中，原與嫂溺非相若。

嫂溺爭援乃必需，天下解救覓他途。
必須用道方能救，子欲吾施手救乎？

十八、公孫丑章

公孫丑曰：「君子之不教子，何也？」

孟子曰：「勢不行也。教者必以正。

公孫丑問是賢才，何不親教自己兒？
孟子答云情勢阻，父循正道以教之。

以正不行，繼之以怒。繼之以怒，則反夷矣。夫子教我以正，夫子未出於正也，則是父子相夷也。父子相夷，則惡矣。古者易子而教之，父子之間不責善，責善則離，離則不祥莫大焉。」

倘使親男聽不適，當遭父怒加嚴責。
二人因此感情傷，兒若反譏滋怨隙。
云教正道確光明，自己緣何欠履行？
父子相夷誠若是，天倫愛敬變無情。
古人避惡求良範，互換而教夷可免。
責善長離父子情，不祥至此何明顯！

十九、事孰為大章

孟子曰：「事孰為大？事親為大。守，孰為大？守身為大。

服事何人大可遵？雙親事奉最甘醇。
必須保住何為最？乃守全軀不失身。

不失其身而能事其親者，吾聞之矣。失其身而能事其親者，吾未之聞也。孰不為事？事親，事之本也。孰不為守？守身，守之本也。

「曾子養曾晳，必有酒肉，將徹，必請所與，問有餘，必曰『有。』曾晳死，曾元養曾子，必有酒肉，將徹，必請所與，問有餘，曰『亡矣。將以復進也。』此所謂養口體者也。若曾子，則可謂養志也。事親若曾子者，可也。」

身守雙親能侍吉，吾嘗自動聽人述。
偏離節操失其負，猶事椿萱吾未悉。
誰能仰事厭無存，侍奉雙親係本源。
怎不修身勤保守？自軀節操乃荄根。
曾參養晳為歡侍，酒肉每餐皆必備。
將撤恭詢剩與誰？必恭敬答猶餘獻。
晳亡元養曾參後，每食依然供酒肉。
將撤非言剩與誰，詢餘放答餘無有。
如仍愛吃會重饗。此俗人言口體供。
曾子能承親意志，事親如此世人宗。

二十、不足章

孟子曰：「人不足與適也，政不足間也。惟大人為能格君心之非，君仁莫不仁。君義莫不義，君正莫不正。一正君，而國定矣。」

孟子嘗言政有疵，無須屢諫犯其威。
用人縱使常訛謬，不必君前指政非。
只有聰明加德懋，方能挽救君心謬。
諸侯領導眾臣民，上下當惟仁是究。
君義臣民義有加，上能堅直下無邪。
頭先端正身隨正，舉國安平處處嘉。

二十一、不虞之譽章

孟子曰：「有不虞之譽，有求全之毀。」

孟柯歎曰不虞褒，竟使虛名聳碧霄。
原欲保持高節操，偏招謗毀不能消。

二十二、易言章

孟子曰：「人之易其言也，無責耳矣。」

孟柯歎曰有浮生，信口開河亂判評。
乃係其心無責任，言無忌憚失持平。

二十三、人之患章

孟子曰：「人之患，在好為人師。」

孟云舉世患何疵，在好為人之老師。
故步自封無進取，畢生取學實堪悲。

二十四、樂正子章

樂正子從於子敖之齊。樂正子見孟子。孟子曰：「子亦來見我乎？」曰：「先生何為出此言也？」

樂正子懵隨子敖，之齊見孟受薰陶。
問渠猶要看吾否？曰傅緣何責德悩？

曰：「子來幾日矣？」曰：「昔者。」曰：「昔者，則我出此言也，不亦宜乎？」曰：「舍館未定。」曰：「子聞之也，舍館定，然後求見長者乎？」曰：「克有罪。」

曰子來齊何日矣？曰來僅幾天前耳。既然日久已如斯，則我言此當合理。曰汝先尋旅棧居。曰曾聞徒謁其師，須先舍館安居否？曰克今知罪在遲。

二十五、子之從章

孟子謂樂正子曰：「子之從於子敖來，徒餔啜也。我不意子學古之道，而以餔啜也。」

規箴樂正情真切：隨從子敖徒餔啜。子學古人之道乎？奚能屈服於貪饕？

二十六、不孝有三章

孟子曰：「不孝有三，無後為大。舜不告而娶，為無後也。君子以為猶告也。」

二十七、仁之實章

孟子曰：「仁之實，事親是也。義之實，從兄是也。智之實，知斯二者弗去是也。禮之實，節文斯二者是也。樂之實，樂斯二者，樂則生矣。

孟云不孝共凡三，後嗣無人最不堪。
舜娶因之瞞父母，告之意義已包含。

仁之實者事雙親，義實包涵敬順兄。
智實焉明茲二者，不忘不捨守平生。
禮實為尊崇二則，須加節制同修飾。
樂之實現義兼仁，快樂油然生頃刻。

生則惡可已也；惡可已，則不知足之蹈之，手之舞之。」

二十八、天下大悅章

孟子曰：「天下大悅而將歸己。視天下悅而歸己，猶草芥也，惟舜為然。不得乎親，不可以為人；不順乎親，不可以為子。舜盡事親之道，而瞽瞍厎豫。瞽瞍厎豫而天下化。瞽瞍厎豫而天下之為父子者定。此之謂大孝。」

快樂既生遏止難，當然自會奉親歡。
不知手足隨時舞？引吭高歌興未闌。

舜視人民悅服昭，誠真歸順己王朝。
視同草芥心恬淡，父母歡心重若嶠。

不獲親心不是人，非從父志非為子。
盡情竭力侍椿萱。瞽瞍嚚嚚終變喜。

瞽瞍冥頑終變喜，九州民眾化何深。
兒知孝順多慈愛，大孝謳歌直到今。

離婁下篇

一、舜生諸馮章

孟子曰：「舜生於諸馮，遷於負夏，卒於鳴條，東夷之人也。文王生於岐周，卒於畢郢，西夷之人也。地之相去也，千有餘里。世之相後也，千有餘歲。得志行乎中國，若合符節。先聖後聖，其揆一也。」

舜在諸馮吉日生，遷居負夏乃成名。
蒼梧之野鳴條卒，故是東夷種已明。
文王生地岐周鄙，畢郢今猶留墓壘。
故係西夷之土人，地之相距千餘里。
時之先後超千冬，仁政推行萬甸中。
好比合乎時節妙，因行法度盡相同。

二、子產章

子產聽鄭國之政，以其乘輿，濟人於溱洧。孟子曰：「惠而不知為政。歲十一月徒杠成，十二月輿梁成，民未病涉也。君子平其政，行辟人可也。焉得人人而濟之？故為政者，每人而悅之，日亦不足矣。」

子產操持鄭政繁，以渠車乘載卑尊。
經常橫溱度同洧，孟子評渠只小恩。
施政古規知識缺，昔時冬月徒扛設。
輿梁臘月必修成，遂免人車艱涉切。
君子只須政適宜，鳴鑼開道亦能為。
怎能一一幫人渡，逐一邀歡不足時。

三、君視臣章

孟子告齊宣王曰：「君之視臣如手足，則臣視君如腹心；君之視臣如犬馬，則臣視君如國人。君之視臣如土芥，則臣視君如寇讎。」

王曰：「禮為舊君有服，何如斯可為服矣？」

曰：「諫行言聽，膏澤下於民。有故而去，則君使人導之出疆。

齊宣聽孟曾忠告：君待良臣如手足，
臣即看王若腹心，竭忠意願言無曲。
如待良臣犬馬倫，臣看君主路邊民。
看臣好比泥污草，臣會看君若敵人。
宣王曰我無知久，禮制舊君崩駕後，
孝服為君九十天，使臣服孝如何誘？
臣諫須予鄭重研，從臣建議賜民恩。
如因私事須離職，引導渠離故國門。

又先於其所往。去三年不反，然後收其田里，此之謂三有禮焉。如此，則為之服矣。

光渠往國言賢導，去後三年無返貌。
方可沒收田地房，三回有禮臣甘孝。

今也為臣，諫則不行，言則不聽，膏澤不下於民。有故而去，則君搏執之。

如今臣諫受推辭，建議雖佳悉不施。
恩澤未能膏百姓，須離君博執而離。

又極之於其所往。去之日，遂收其田里。此之謂寇讎，寇讎何服之有？」

去其所往場其曲，務使前途成窟蹷。
田祿里居皆急收，已成仇敵當無服。

四、殺無罪士章

孟子曰：「無罪而殺士，則大夫可以去。無罪而戮民，則士可以徙。」

國君無故諸其士，則大夫倫紛致仕。
倘若無端殺庶民，士人可往他邦徙。

五、君仁章

孟子曰：「君仁莫不仁，君義莫不義。」

孟子言君王若仁，當然舉國盡仁民。
國君慕義施良政，百姓無人不義遵。

六、非禮之禮章

孟子曰：「非禮之禮，非義之義，大人弗為。」

孟子曾云須辨識，看來示義而非義，
似乎是禮卻違情，有德之人皆畏忌。

七、中也養不中章

孟子曰：「中也養不中，才也養不才。故人樂有賢父兄也。」

中道之人德潤身，栽培養育不中人，
懷才陶冶無才具，故樂賢兄賢父親。

如中也棄不中，才也棄不才，則賢不肖之相去，其間不能以寸。」

懷才若棄無才夥，中道棄無中道者。
不肖與賢則距離，不能以寸衡量也。

八、人有不為章

孟子曰：「人有不為也，而後可以有為。」

孟子言為須後宜，不能凡事悉為之。
違情悖理當迴避，有所不為可有為。

九、言人不善章

孟子曰：「言人之不善，當如後患何！」

孟子云言播謗訕，招人懷恨結冤仇。
伺機報復難防範，後患如斯怎解憂。

十、仲尼不為已甚章

孟子曰：「仲尼不為已甚者。」

孟軻讚孔子為人，格宋中庸表裏真。
率性而為循本分，不加毫末以行但。

十一、大人者章

孟子曰：「大人者，言不必信，行不必果，惟義所在。」

孟云地位崇高匹，言語可能難現實。
做事可能無始終，為求道義須周密。

十二、赤子心章

孟子曰：「大人者，不失其赤子之心也。」

孟云有德大才人，必若初生赤子純。
本性無邪誠可愛，不焉物誘守天真。

十三、養生者章

孟子曰：「養生者，不足以當大事，惟送死，可以當大事。」

十四、君子深造章

孟子曰：「君子深造之以道，欲其自得之也。自得之，則居之安。居之安，則資之深。資之深，則取之左右逢其原，故君子欲其自得之也。」

孟曰當如烏反哺，椿萱奉養為常措。
惟須遵禮送親終，力盡哀思成大務。

君子謀求造詣深，須依正道定方針。
遵循漸進之程序。此道應由領悟尋。
自得居安身泰極，有條不紊來升陟。
終於能左右逢源，故大人功由自得。

十五、博學章

孟子曰：「博學而詳說之，將以反說約也。」

孟子云人博學堅，加之進且細詳研。
經由融會精通後，終返簡明之本焉。

十六、以善服人章

孟子曰：「以善服人者，未有能服人者也。以善養人，然後能服天下。天下不心服而王者，未之有也。」

銜善不曾征服定，群黎善養能歸順。
民心背棄旺神州，從古迄今無此訊。

十七、言無實章

孟子曰：「言無實，不祥。不祥之實，蔽賢者當之。」

孟子批評無稽談：所生惡果確難堪。
亂言禍國成憂患，杜塞賢人之負擔。

十八、徐子水哉章

徐子曰：「仲尼亟稱於水曰：『水哉！水哉！』何取於水也？」

孟子曰：「原泉混混，不舍晝夜，盈科而後進，放乎四海，有本者如是，是之取爾。苟為無本，七八月之間雨集，溝澮皆盈，其涸也，可立而待也！故聲聞過情，君子恥之。」

門人徐辟詢其切：孔子屢稱楊水曰：
晝夜無休水卓哉。有何可取其優越？
答云泉水向前行，晝夜奔流逝不停。
陷坎坑窪皆注滿，方能紓曲入滄溟。
諸君子學窮原委，循序自強當若是。
缺乏根苗驟雨淋，夏秋之際傾盆至。
溝渠注滿速如馳，乾涸何須一企時。
故若虛名超實質，德高君子恥其卑！

十九、人異於禽獸章

孟子曰：「人之所以異於禽獸者幾希！庶民去之，君子存之。

「舜明於庶物，察於人倫，由仁義行，非行仁義也。」

二十、禹惡旨酒章

孟子曰：「禹惡旨酒，而好善言。湯執中，立賢無方。文王視民如傷。望道而未之見。武王不泄邇，不忘遠。

人禽獸異已明通，少許之微六致同。
君子知之而保有，無知庶眾棄之懵。
大舜因明於庶物，精心細察人倫訖。
行為自合義安仁，非刻意行而務實。
禹王視芳醇如弃，而好嘉言湯執正。
任用賢能無定方，文王視庶民如命。
思民困苦慰安之，道在前看作噎霾。
周武朝臣無侮慢，諸侯雖遠不忘懷。

周公思兼三王，以施四事。其有不合者，仰而思之，夜以繼日。幸而得之，坐以待旦。」

周公思踵三王武，四事施逢難合苦。
晝夜思之幸想通，欲行坐待金烏覩。

二十一、詩亡春秋作章

孟子曰：「王者之跡熄而詩亡，詩亡，然後春秋作。

晉之乘，楚之杌，魯之春秋，一也。其事則齊桓、晉文，其文則史。

孔子曰：『其義，則丘竊取之矣。』」

孟軻歎曰王綱落，眾采詩官皆廢卻。
直至春秋中世前，詩亡然後春秋作。
楚檮杌晉乘文風，並魯春秋體例同。
直述恒文之事略，內容悉載史奸忠。
孔曰春秋支史品，其辭記載含褒貶。
由丘竊取義成文，希冀亂臣知檢點。

二十二、澤五世章

孟子曰：「君子之澤，五世而斬。小人之澤，五世而斬。予未得為孔子徒也。予私淑諸人也。」

小人君子澤恩風，五世流傳斬絕同。
我未能從尼父學，淑私多位始明通。

二十三、可無取章

孟子曰：「可以取，可以無取；取傷廉。可以與，可以無與；與傷惠。可以死，可以無死；死傷勇。」

孟云取與捨之間，仔細衡量不苦艱。
取到於廉傷害甚，當然不取較無患。
可施與否施如損，寧可無施能保本。
可死權衡不死時，死如傷勇逃離遠。

二十四、逢蒙學射章

逢蒙學射於羿，盡羿之道。思天下惟羿為愈己，於是殺羿。

孟子曰：「是亦羿有罪焉。」公明儀曰：『宜若無罪焉。』曰：「薄乎云爾，惡得無罪？

鄭人使子濯孺子侵衛，衛使庾公之斯追之。

子濯孺子曰：『今日我疾作，不可以執弓，吾死矣夫？』問其仆曰：『追我者，誰也？』

逢蒙射箭羿為師，獲羿傾囊授與之。
思愈己人惟后羿，因偷殺羿拘其私。

孟云羿罪全由己，駁斥公明儀說理。
曰羿誠無罪以亡。云雖罪薄仍焉否。

子濯孺子奉君驅，侵衛無功回鄭途。
聞衛大夫追甚急，只望險境變無虞。

云吾舊疾今來現，無力張弓而射箭。
追到之時死矣夫！詢其僕曰誰追戰？

其僕曰：『庾公之斯也。』曰：『吾生矣！』其僕曰：『庾公之斯，衛之善射者也。夫子曰：「吾生。」何謂也？』曰：『庾公之斯學射於尹公之他，尹公之他學射於我。夫尹公之他，端人也。其取友必端矣。』庾公之斯至，曰：『夫子何為不執弓？』曰：『今日我疾作，不可以執弓。』曰：『小人學射於尹公之他，尹公之他學射於夫子。

曰庾之斯自率兵。曰吾生矣爾無驚。
曰聞庚姓之斯者，善射馳名衛國英。
大夫怎曰應能活？曰庾之斯之射術，
係尹之他之獨傳。尹公乃學於吾密。
我悉之他品甚端，其交朋友必心丹。
庾公追至云夫子，忍令弓懸為那般？
答今疾作肩酸矣，不可彎弓和屈指。
曰小人師乃尹公。尹公學射於夫子。

我不忍以夫子之道，反害夫子。雖然，今日之事，君事也，我不敢廢。』抽矢扣輪，去其金。發乘矢而後反。」

二十五、西子不潔章

孟子曰：「西子蒙不潔，則人皆掩鼻而過之。雖有惡人，齊戒沐浴，則可以祀上帝。」

學師之道對師侵，夫子門徒不忍心。
惟秦國君之命令，惟臣不敢不忠忱。
箭頭卻對車輪叩，銅質矢頭紛脫繇。
之後恭朝子濯車，連施四發方回溜。

孟曰如西施臭穢，人皆掩鼻而逃逝。
反之貌寢浴加齋，上帝依然能納祭。

二十六、天下言性章

孟子曰：「天下之言性也，則故而已矣。故者，以利為本。所惡於智者，為其鑿也。如智者，若禹之行水也，則無惡於智矣。禹之行水也，行其所無事也。如智者亦行其所無事，則智亦大矣。天之高也，星辰之遠也，苟求其故，千歲之日至，可坐而致也。」

天下凡言本性時，查明往事可推知。
往依從順為基礎，厭惡聰明穿鑿辭。
仿效禹王行水路，聰明必不遭嫌惡。
禹王順水自然流，未作矯揉之舉措。
假如智者不昏瞢，順服自然而力行。
恍若禹王治眾水，則其智慧世人驚。
天高星宿迢遙是，只要推求其律軌。
即使千年冬至天，亦能算出無訛矣。

二十七、公行子章

公行子有子之喪。右師往吊。入門，有進而與右師言者，有就右師之位而與右師言者。

孟子不與右師言。右師不悅，曰：「諸君子皆與驩言，孟子獨不與驩言，是簡驩也。」

孟子聞之，曰：「禮，朝廷不歷位而相與言，不逾階而相揖也。

有公行子設兒醮，奉命右師馳往弔。未坐多人進揖談，有官躐席佯驩召。

孟軻不與右師言，不悅右師驕且怨：各位皆同驩話語，孟軻簡慢不寒喧。

孟子聞之云禮曰，在斯地與朝無別。不踰位次去言談，亦不踰階而揖悅。

我欲行禮，子敖以我為簡，不亦異乎？」

二十八、君子存心章

孟子曰：「君子所以異於人者，以其存心也。君子以仁存心，以禮存心。仁者愛人，有禮者敬人。愛人者，人恆愛之；敬人者，人恆敬之。有人於此，其待我以橫逆，則君子必自反也。我必不仁也，必無禮也。此物奚宜至哉？其自反而仁矣，自反而有禮矣，其橫逆由是也。

在此吾須禮制符，因而未向子敖呼。
子敖以我為偏簡，無乃離奇錯怪乎？

孟曰：仁之五內，與諸黎庶殊相背。
其心有禮並仁存，禮系敬人仁是愛。
愛人則必獲情鍾，崇敬他人受敬崇。
設若人朝余逆橫，則須反省問余躬。
我必無仁兼禮乏！不然此事何由及。
迨吾反省禮兼仁，橫逆依然來我襲。

君子必自反也，我必不忠，自反而忠矣，其橫逆由是也；

君子曰：『此亦妄人也已矣。如此則與禽獸奚擇哉？於禽獸又何難焉？』

是故，君子有終身之憂，無一朝之患也。乃若所憂則有之。舜，人也；我，亦人也。

舜為法於天下，可傳於後世，我由未免為鄉人也，是則可憂也。

憂之如何？如舜而已矣。若夫君子所患，則亡矣。

君子仍然須酌斟，待人恐有不忠心。
反躬自問忠心耿，無理橫蠻猶我侵。

君子方能長歎起：此人乃係狂人矣。
則同禽獸又何分，禽獸無殊何必理。

故君子者畢生愁，而缺一朝之患憂。
論及終身憂慮事，無非帝舜我難侔。

舜為天下楷模舊，聲譽流傳千載後。
帝舜是人吾亦人，而吾此世終孤陋。

憂恐驟至解何如？努力終生學舜虞。
君子其他之痛苦，看來鎖眉可云無。

非仁無為也，非禮無行也。如有一朝之患。則君子不患矣。」

二十九、禹稷章

禹稷當平世，三過其門而不入。孔子賢之。顏子當亂世，居於陋巷，一簞食，一瓢飲；人不堪其憂，顏子不改其樂。孔子賢之。孟子曰：「禹、稷、顏回同道。

禹思天下有溺者，由己溺之也。稷思天下有飢者，由己飢之也。是以如是其急也。

二一〇

非仁愛事無思躡，非禮羞慚嚴免涉。
即使洪災意外來，端莊君子仍心愜。

禹稷承平盛世英，辛勤治水導民耕。
家門不入胥三次，陋巷顏回亂世生。
飯僅一簞湯一勺，人人日苦回愉悅。
悉蒙孔子贊超賢，孟子分楊三聖鐸。
禹思天下有淪亡，若己淹之似斷腸。
稷覺人飢如己饑，同為急迫過尋常。

禹、稷、顏子，易地則皆然。今有同室之人鬥者，救之。雖被髮纓冠而救之，可也。

鄉鄰有鬥者，被髮纓冠而往救之，則惑也。雖閉戶可也。」

三十、匡章章

公都子曰：「匡章，通國皆稱不孝焉。夫子與之遊，又從而禮貌之。敢問何也？」

孟子曰：「世俗所謂不孝者五：惰其四支，不顧父母之養，一不孝也。

三人易地皆心疚，同室操戈當往救。雖急纓冠披髮馳，亦為義舉無訛謬。

鄉鄰不睦鬥爭時，批髮冠纓而救之。則是糊塗迷惑矣，雖關門戶亦云宜。

公都子曰有匡章，舉國皆稱不孝郎。夫子與遊多禮貌，不知是否有名堂？

孟云按一般標準，不孝可分為五款，奉養雙親親一邊，最先不孝為偷懶。

博弈好飲酒，不顧父母之養，二不孝也。好貨財，私妻子，不顧父母之養，三不孝也。

從耳目之欲，以為父母戮，四不孝也。好勇鬥狠，以危父母，五不孝也。

章子有一於是乎？夫章子，子父責善而不相遇也。責善，朋友之道也。父子責善，賊恩之大者。夫章子，豈不欲有夫妻子母之屬哉！

為得罪於父，不得近；出妻，屏子，終身不養焉。

其二當為博弈酖，椿萱生活不關心。
其三乃是私妻子，不顧雙親卻愛金。

第四為窮聽視欲，因之父母蒙羞辱。
尋仇鬥狠累雙親，第五則非斯莫屬。

匡章此五不沾身，責善朋友之道真。
父子之間因責善，戕恩因此奪天倫。

從此無緣親父煖，因而出妻離兒遠。
終身不受侍柔溫，章子存心為自損。

其設心以為不若是，是則罪之大者。是則章子已矣。」

三十一、曾子居武城章

曾子居武城，有越寇。或曰：「寇至，盍去諸？」曰：「無寓人於我室，毀傷其薪木。」寇退，則曰：「修我牆屋，我將反。」寇退，曾子反。左右曰：「待先生如此其忠且敬也！寇至，則先去以為民望。

以為倘若不消沉，則罪當然更峻嚴。章子居心趨善矣，吳當敬重不心嫌。

曾參錫在武城居，寇近人云盍去諸。臨走曰須為屋樹，勿由生客寓吾廬。寇退則云修壁室。曾參反後身邊曰：先生後待敬且忠，寇至前逃民覺悖。

寇退則反，殆於不可。」沈猶行曰：「是非汝所知也。昔沈猶有負芻之禍，從先生者七十人，未有與焉。」子思居於衛，有齊寇。或曰：「寇至，盍去諸？」子思曰：「如伋去，君誰與守？」孟子曰：「曾子、子思同道。曾子，師也，父兄也；子思，臣也，微也。曾子、子思，易地則皆然。」

寇退方回非所宜。沉猶行曰汝無知。
沉猶昔日負芻禍，七十師徒居我籬。
師徒迅即離茲地，未有一人經此事。
昔日子思作衛官，人云齊寇須逃離。
子思回答伋逃遷，誰伴吾君守國堅？
孟子評云斯二聖，假如易地必皆然。
子思曾子為同道，曾子為師為父老。
仕衛子思時系臣，不能離職邦須保。

三十二、儲子章

儲子曰：「王使人瞯夫子，果有以異於人乎？」孟子曰：

「何以異於人哉？堯、舜與人同耳。」

儲子詢云王好奇，著人暗地察看師。

師尊果異於人歟？孟曰吾誠蔑異姿。

與人比較原無異，即使唐堯虞舜帝。

若與民人站一堆，亦無特別凌雲勢。

三十三、齊人章

「齊人有一妻一妾而處室者。其良人出，則必饜酒肉而後反。其妻問所與飲食者，

齊人妻妾室同間，夫出回家必樂陳。

酒肉餐餐皆飽足，詢渠同食是何人？

則盡富貴也。其妻告其妾曰：『良人出，則必饜酒肉而後反，問其與飲食者，盡富貴也。而未嘗有顯者來，吾將良人之所之也。』

蚤起，施從良人之所之，遍國中，無與立談者。卒之東郭間之祭者，乞其餘。不足，又顧而之他。此其為饜足之道也。其妻歸，告其妾，曰：『良人者，所仰望而終身也。今若此！』與其妾訕其良人，而相泣於中庭。而良人未之知也，

則皆富貴公卿黨。妻語妾云真悒怏：
顯要緣何未見來？吾將窺探今奚往。
黎明早起尾夫途，走過城中主幹衢。
不見人招渠對話，東門出達墓園區。
乞餘酒菜充飢食，不足又之他墓地。
此係夫之饜足功，妻歸語妾詳其事。
良人仰望如斯高，互訕居然若是糟。
怨甚中庭相擁泣，良人未奚意猶豪。

施施從外來，驕其妻妾。由君子觀之，則人之所以求富貴利達者，其妻妾不羞也，而不相泣者，幾希矣。」

歸驕七七猶如故，君子觀其趨若鶩。醜態經由妻揭穿，而無對泣寥可數。

萬章上篇

一、舜于田號泣章

萬章問曰：「舜往于田，號泣于旻天。何為其號泣也？」孟子曰：「怨慕也。」萬章曰：「父母愛之，喜而不忘；父母惡之，勞而不怨。然則舜怨乎？」曰：「長息問於公明高曰：『舜往于田，則吾既得聞命矣。號泣于旻天、于父母，則吾不知也。』

章詢舜本耕為業，何故對旻天號泣？
孟答因怨己慕親。章云疼愛雙親給，
喜樂應當五內儲，惟如父母恨憎俱，
則雖勞苦須無怨。然舜怨渠媽爸乎？
公民高問於長思，舜往于田吾已識。
號泣於天於爸媽，迄今此訊無由得。

公明高曰：『是非爾所知也。』夫公明高以孝子之心，為不若是恝，我竭力耕田，共為子職而已矣。

父母之不我愛，於我何哉！」「帝使其子九男二女，百官牛羊倉廩備，以事舜於畎畝之中，

天下之士，多就之者：帝將胥天下而遷之焉；為不順於父母，如窮人無所歸。

天下之士悅之，人之所欲也，而不足以解憂。好色，人之所欲，妻帝之二女，而不足以解憂。富，人之所欲，富有天下，而不足以解憂。貴，人之所欲，貴為天子，而不足以解憂。

高云非爾所知哉。推想公民高所思。孝子豈無憂患歟？耕田盡子職無虧。

雙親不愛吾憂癰，帝使九男偕二女。官百牛羊倉稟齊，田間事舜千般舉。

四方多士聚紛如，帝意全天下讓渠。但舜不容於父母，猶同窮困乏家居。

八荒内士歸如鶩，美色將堯雙女娶。貴甚成為天子尊，富凡中域皆渠庫。

人悅之、好色、富、貴，無足以解憂者；惟順於父母，可以解憂。人少、則慕父母；知好色、則慕少艾；有妻子，則慕妻子；仕則慕君，不得於君，則熱中。大孝終身慕父母。五十而慕者，予於大舜見之矣。」

人間富貴悉渠收，皆未能紓帝舜憂。
惟舜椿萱方可解，常人幼小慕親庥。
成人好色鶩蘭猷，婚後當依妻契潤。
仕則官場愛慕君，御前失意心忉怛。
大孝終身父母遵，誰年五十慕雙親？
一般人眾難如此，帝舜吾知確盡倫。

二、詩云娶妻如之何章

萬章問曰：「詩云：『娶妻如之何？必告父母。』信斯言也，宜莫如舜；舜之不告而娶，何也？」

萬章問曰據詩云，必告雙親要娶親。
最信斯言當是舜，渠偏未稟是何因？

孟子曰：「告則不得娶。男女居室，人之大倫也。如告，則廢人之大倫，以懟父母，是以不告也。」

萬章曰：「舜之不告而娶，則吾既得聞命矣。帝之妻舜而不告，何也？」曰：「帝亦知告焉，則不得妻也。」

萬章曰：「父母使舜完廩，捐階，瞽瞍焚廩，使浚井，出，從而揜之。

孟云若稟椿萱預，必受阻攔終不娶。
為護人倫免懟親，未向父母先透漏。

萬章曰舜我今知，不告雙親家可齊。
堯嫁女兒何不告？因須避免婿無妻。

章曰親云倉必整。舜遵椿令登其頂。
抽梯父放火焚燒，幸及時逃方得拯。

雙親命浚井操勞，舜下從旁掘洞陶。
瞽瞍躬親挑土掩，其時弟象興尤高。

象曰：『謨蓋都君，咸我績。牛羊父母，食廩父母，干戈朕，琴朕，弤朕；二嫂使治朕棲。』象往入舜宮，舜在床琴，象曰：『鬱陶，思君爾！』忸怩。舜曰：『惟茲臣庶，汝其于予治。』不識舜不知象之將殺己與？」

曰：「奚而不知也。象憂亦憂，象喜亦喜。」

曰：「然則舜偽喜者與？」曰：「否。昔者有饋生魚於鄭子產，子產使校人畜之池，

象曰能埋兄妥貼，吾之策畫真安愜。
牛羊倉廩給雙親，琴氏干戈由我接。
嫂雙使給我鋪床。言畢昂然入舜房，
見舜鼓琴床上坐，遂云鬱悶想君狂。
卻顯忸怩神不穩，舜云臣庶誠難管。
汝其幫我理治之。豈不知謀猶左袒！
怎會無知至此尤。無非孝悌泯恩仇。
因而象喜渠隨喜，象若憂心渠亦憂。
曰舜豈為佯善狀？云非乃舜承其誑。
人貼子產活生魚，子產命池中畜放。

校人烹之，反命曰：『始舍之，圉圉焉。少則洋洋焉，攸然而逝。』子產曰：『得其所哉！得其所哉！』

校人出，曰：『孰謂子產智，予既烹而食之，曰：得其所哉！得其所哉！』

故君子可欺以其方，

難罔以非其道。彼以愛兄之道來，故誠信而喜之。奚偽焉！」

總管烹之食後吹：魚初進水固徘徊。
無何活潑攸然去。子產因云安所哉。

校人出曰魚遭醞，子產欣云安所矣。
相國真為智者乎？故能合理妻君子。

卻難罔以道非遵。彼以愛兄之道言，
故信其言而喜弟，當非飾偽赤心存。

三、象日以殺章

萬章問曰：「象日以殺舜為事，立為天子，則放之，何也？」

章云象固天天計，殺舜為渠之要事。
舜既登基位至尊，卻將象放為何意？

孟子曰：「封之也，或曰放焉。」萬章曰：「舜流共工于幽州，放驩兜于崇山，殺三苗于三危，殛鯀于羽山，四罪而天下咸服，誅不仁也。象至不仁，風之有庳。有庳之人奚罪焉？仁人固如是乎？在他人則誅之，在弟則封之！」

曰：「仁人之於弟也，不藏怒焉，不宿怨焉，親愛之而已矣。親之，欲其貴也；愛之，欲其富也；封之有庳，富貴之也，身為天子，弟為匹夫，可謂親愛之乎？」

孟軻答曰賜封為，言放為以故謗訕。
舜擇羽山來殛鯀，驩兜發配至崇山。

三苗驅至三危伏，幽域共工遭放逐，
四大凶人處置究，行人天下咸賓服。

象惡而封有痺焉，民居有痺究何愆？
他人有罪加懲處，弟惡封之無乃偏！

仁人對弟無藏怒。宿怨消除親愛露。
親是期渠貴顯臻，愛為欲富無貪賂。

「敢問『或曰放』者，何謂也？」

曰：「象不得有為於其國。天子使吏治其國，而納其貢稅焉，故謂之放，豈得暴彼民哉！雖然，欲常常而見之，故源源而來。不及貢，以政接于有庳，此之謂也。」

有庳封之富貴臻，身為天子弟平民。非兄對弟臻親愛。放字希師總述申。封疆有庳雖能子，象卻無權親執掌。舜另差官以服勞，惟收貢稅仍歸象。外人謂放固其宜，象固不能欺庶黎。但有清閒常見舜，舜當不願象違睽。無須待貢之時刻。有庳君能常請益。古籍之言指此情，凡言放者當明白。

四、咸丘蒙章

咸丘蒙問曰：「語云：『盛德之士，君不得而臣，父不得而子。舜南面而立。堯帥諸侯北面而朝之，瞽瞍亦北面而朝之。舜見瞽瞍，其容有蹙。』孔子曰：『於斯時也，天下殆哉，岌岌乎！』不識此語，誠然乎哉？」孟子曰：「否。此非君子之言，齊東野人之語也。堯老而舜攝也。堯典曰：『二十有八載，

咸丘蒙曰德高人，不會君主看作臣。其父不能看作子。此為俗語所言陳。
又云舜受皇天祿，堯帥諸侯朝北伏。瞽瞍當時北面朝，舜看乃父顏眉蹙。
子曰斯時之九垓，嶮巇岌岌不安哉。不知此語之真偽，尚乞吾師作卓裁。
孟曰當非君子撰。齊東野語傳之舛。堯耄舜攝尚書云：廿八芳春勞績顯。

放勳乃徂落。百姓如喪考妣。三年，四海遏密八音。』孔子曰：『天無二日，民無二王。』舜既為天子矣，又帥天下諸侯以為堯三年喪，是二天子矣。」咸丘蒙曰：「舜之不臣堯，則吾既得聞命矣。詩云：『普天之下，莫非王土；率土之濱，莫非王臣。』而舜既為天子矣，敢問瞽瞍之非臣如何？」

然後堯方腿直伸。黎民悉若喪椿萱。
三年四海停音樂。子曰天無二目存。
民無二主來相抗，舜帥諸侯三載喪。
若舜為王則二皇，堯時舜絕非皇上。
云堯是舜乃荒唐，我已聞師言細詳。
詩曰普天之下域，山川地土悉歸王。
自地中央濱海陸，任何人悉王臣僕。
舜之地位既為王，瞽瞍為臣何委曲！

曰：「是詩也，非是之謂也。勞於王事，而不得養父母也。

曰：『此莫非王事，我獨賢勞也。』故說詩者，不以文害辭，不以辭害志。以意逆志，是為得之。如以辭而已矣，雲漢之詩曰：『周餘黎民，靡有孑遺。』信斯言也，是周無遺民也。」

「孝子之至，莫大乎尊親。尊親之至，莫大乎以天下養。為天子父，尊之至也。以天下養，養之至也。

孟云此係北山詩，原意非如汝所思。
乃是大夫忙國是，因而不得事嚴慈。
遂埋怨曰皆王事，怎獨唯余勞苦備。
莫讀詩文誤解辭，讀經勿誤詩原意。
須憑體會啟詩蒙，方得古人之隱衷。
切勿拘泥辭句語，單從辭句解難通。
雲漢之詩夸飾陳：周朝所剩眾黎民。
竟無一個存留著。字面言周無活人！
孝子尊親為孝至，尊親以養親為大。
作天子父至為尊，天下養親為養最。

詩曰：『永言孝思，孝思維則。』此之謂也。書曰：『祇載見瞽瞍，夔夔齊栗。瞽瞍亦允若。』是為父不得而子也。」

五、堯以天下章

萬章曰：「堯以天下與舜，有諸？」

孟子曰：「否。天子不能以天下與人。」「然則舜有天下也，孰與之？」曰：「天與之。」「天與之者，諄諄然命之乎？」

詩云孝道要時提。盡孝殊堪法庶黎。
即指舜之純孝事，書經亦以舜為題。
舜瞻瞽瞍溫恭潤，露顯誠惶誠恐舜。
督瞍因之悅約渠。當然不以兜衡舜。

萬章闖曰九壞廷，堯命由由虞舜繼。
豈是當真之事實？凡人不會有私能。
天子河山私不異。舜之天下誰之賜？
維天賜舜此山河。是否賜時曾告示？

曰：「否。天不言，以行與事示之而已矣。」曰：「以行與事示之者，如之何？」曰：「天子能薦人於天，不能使天與之天下。諸侯能薦人於天子，不能使天子與之諸侯。大夫能薦人於諸侯，不能使諸侯與之大夫。昔者堯薦舜於天而天受之，暴之於民，而民受之。故曰：『天不言，以行與事示之而已矣。』」曰：「敢問：『薦之於天，而天受之。暴之於民，而民受之』，如何？」

曰否由於天不陳。事情德行示人民。
事情德行如何示？天子於天可薦人。
不能天下咨天與。天子容諸侯薦舉，
不可諸侯迫帝封，諸侯聽大夫之語。
薦人充任職高層，斷不能由強迫行。
堯帝於天推薦舜，皇天接受不言明。
卻將舜行勤芳潔，顯示於民民受悅。
推薦於天險庶黎，師尊可否言明撤？

曰：「使之主祭，而百神享之，是天受之，使之主事而事治，百姓安之，是民受之也。天與之，人與之。故曰：天子不能以天下與人。舜相堯二十有八載，非人之所能為也，天也。堯崩，三年之喪畢，舜避堯之子於南河之南。天子諸侯朝覲者，不之堯之子而之舜。訟獄者，不之堯之子而之舜。謳歌者，不謳歌堯之子而謳歌舜。

安排祭祀主為伊，所有神明享克諧。表示天欣然接受。加之主政政奇佳。百姓安平多福茂，示民欣受渠名透。黔黎皆受舜為工，天下故非天子授。舜相堯朝廾八年，自非人力乃由天。帝崩喪服三冬候，立往南河南面遷。舜避堯兒爭鼎鼎，諸侯朝舜非堯子。訴訟之舜遠堯兒，頌舜不謳堯子美。

故曰，天也。夫然後之中國，踐天子位焉。

而居堯之宮，逼堯之子，是篡也，非天與也。泰誓曰：

『天視自我民視，天聽自我民聽。』此之謂也。」

六、德衰章

萬章問曰：「人有言，至於禹而德衰，不傳於賢而傳於子，有諸？」孟子曰：「否，不然也。

故曰上天意皆存，舜因此故返都門。
登天子位無攔阻，避免堯崩即履尊。

堯崩舜若堯宮達，逼走堯兒成篡奪。
地位非天授則糟，書經泰誓言超拔。

天視從吾萬庶睛，天聽自我眾民聽。
嘉言不朽傳之久，大舜前功是典型。

萬章問曰人言史，德至禹衰傳禹子。
卻不傳賢正確乎，孟軻曰否非如此。

天與賢，則與賢。天與子，則與子。昔者舜薦禹於天，十有七年。舜崩，三年之喪畢，禹避舜之子於陽城，天下之民從之，若堯崩之後，不從堯之子而從舜也。禹薦益於天。七年，禹崩。三年之喪畢，益避禹之子於箕山之陰。朝覲訟獄者，不之益而之啟。曰：『吾君之子也。』謳歌者，不謳歌益，而謳歌啟，曰：『吾君之子也。』丹朱之不肖，舜之子亦不肖。

傳賢或子乃由天。薦禹於天十七年。服舜崩餘三載喪，陽城禹避舜兒焉。天下人民謳禹騤，猶如往昔堯崩後。皆從帝舜遠堯兒，薦益於天非禹授。七載禹崩喪滿期，萁山北麓益遷移。朝覲訟獄皆之啟，曰啟吾君之愛兒。謳歌大眾非歌益，讚禹之兒言啟碩。堯子丹珠與舜兒，皆非肖者民排斥。

舜之相堯、禹之相舜也，歷年多，施澤於民久。啟賢，能敬承繼禹之道，益之相禹也，歷年少，施澤於民未久。舜、禹、益相去久遠，其子之賢不肖，皆天也，非人之所能為也。莫之為而為者，天也。莫之致而至者，命也。」「匹夫而有天下者，德必若舜禹，而又有天子薦之者。故仲尼不有天下。繼世以有天下，天之所廢，必若桀紂者也。故益、伊尹、周公不有天下。

啟賢益佐禹雖忙，德澤於民不夠長。
舜禹相君年悉久，施恩百姓感芬芳。
子賢不肖由天訂，非是人能施號令。
人力不能天意能，莫之能致成由命。
匹夫赤手九卅操，德必如同舜禹高。
而且對天夫子薦，仲尼故未著龍袍。
世襲雖匡持海內，惟如桀紂遭天棄。
益同伊尹並周公，無路攀登天子位。

伊尹相湯以王於天下。湯崩，太丁未立，外丙二年，仲壬四年。
太甲顛覆湯之典刑，伊尹放之於桐，三年，太甲悔過，
自怨自艾，於桐處仁遷義，三年，以聽伊尹之訓己也，
複歸於亳。周公之不有天下，猶益之於夏，伊尹之於殷也。
孔子曰：『唐虞禪，夏后殷周繼，其義一也。』」

伊尹幫湯王業成，湯崩太子太丁薨。
弟為外丙凡三載，弟帝中壬四載崩。
湯孫太甲欣承鼎，敕使成湯食法改。
伊尹將渠放在桐，三年太甲知懺悔。
深深自怨艾愆暄，乘在桐時仁義敦。
惡性根除三載裡，遵伊尹訓奉嘉言。
伊尹迎渠回亳宅，周公無法登皇極。
恰如益在夏初期，伊尹於商同品式。
子曰唐虞具禪功，須朝上帝薦精忠。
夏商周代皆承繼，天命之由理悉同。

七、伊尹以割亨章

萬章問曰：「人有言，伊尹以割烹要湯，有諸？」

孟子曰：「否，不然。伊尹耕于有莘之野，而樂堯、舜之道焉。非其義也，非其道也，祿之以天下，弗顧也。繫馬千駟，弗視也。非其義也，非其道也，一介不以與人，一介不以取諸人。」

萬章問曰人言有：伊尹烹調施藝手，謁見成湯求用渠。師尊請判其然否。

孟軻曰否絕非真。伊尹有莘之野耕。甚樂唐堯於舜道，清高自許氣恢宏。

非其道義心憎厭，祿以江山無意接。千駟依歸亦弗看，取施一介心無愜。

「湯使人以幣聘之。囂囂然曰：『我何以湯之聘幣為哉！我豈若處畎畝之中，由是以樂堯舜之道哉！』

湯三使往聘之，既而幡然改曰：『與我處畎畝之中，由是以樂堯舜之道，吾豈若使是君為堯舜之君哉！

吾豈若使是民為堯舜之民哉！吾豈若於吾身親見之哉！天之生此民也，使先知覺後知，使先覺覺後覺也。

予，天民之先覺者也。予將以斯道覺斯民也。非予覺之而誰也。』」

湯使湯臣持幣詢，渠惟色正意楊云：君之厚禮吾無用，我樂田間堯舜薰。

湯猶三聘三回獻，原意幡然更改迅。曰作田間堯舜民，不如君主成堯舜。

百姓皆為堯舜氓，親瞻盛世政新星。先知先覺脩民賜，使醒後知後覺冥。

吾乃人中先覺著，當持斯道蘇朝野。吾知不使斯民覺，又有誰能為此也。

「思天下之民，匹夫匹婦，有不被堯舜之澤者，若己推而內之溝中，其自任以天下之重如此。

故就湯而說之，以伐夏救民。」「吾未聞枉己而正人者也。況辱己以正天下者乎！

聖人之行不同也。或遠或近，或去或不去，歸潔其身而已矣。

吾聞其以堯舜之道要湯，未聞以割烹也。」「伊訓曰：『天誅造攻自牧宮，朕載自亳。』」

思九州民男女耆，舜堯膏澤未能滋。
如閭晏彼推溝內，天下肩挑重若斯。

故勸商湯征夏桀，將民救出離波齧。
未聞枉己正他人，辱己怎除天下孽。

聖人之行異尋常，或遠違君或在傍。
或仕或歸而遠去，總之聖潔永留芳。

聞堯舜道要湯辦，未悉割烹求職分。
桀受天誅自牧宮，吾初在亳登伊訓。

八、或謂孔子於衛章

萬章問曰：「或謂孔子於衛主癰疽，於齊主侍人瘠環，有諸乎？」孟子曰：「否，不然也。好事者為之也。」「於衛主顏讎由。彌子之妻，與子路之妻，兄弟也。彌子謂子路曰：『孔子主我，衛卿可得也。』子路以告，孔子曰：『有命。』孔子進以禮，退以義，

萬章問曰誚尼山，在衛住癰疽宅焉。
始到齊時何府住？瘠環嬖室有廬田。
真假迷離吾不解，孟軻曰否非如此。
無非好事者言之，往衛顏讎由宅裏。
彌暇與子路搓商，彌子瑕云戊酌量：
孔子如居吾宅內，則鄉相位若探囊。
子路傳言尼父聽，子云一切唯天命。
因渠進取禮須依，退隱亦唯從義行。

得之不得，曰『有命』。而主癰疽與侍人瘠環，是無義無命也。

「孔子不悅於魯衛，遭宋桓司馬，將要而殺之。微服而過宋。是時孔子當阨，主司城貞子。

為陳侯周臣。」「吾聞，觀近臣以其所為主。

觀遠臣，以其所主。若孔子主癰疽與侍人瘠環，何以為孔子？」

由於得失倚天機，不在癰疽府上依。
未往瘠環閹待屋，故無義命兩讒譏。
仲尼魯衛胥排斥，曉宋桓魋圖格殺。
遂急微裝過宋逃，選居陳國司城宅。
司城貞子大夫賢，供職陳侯周座前。
欲察近臣之好壞，觀其賓客即昭然。
遠臣他國來賢腐，察所寄居東道主。
孔子如居待豎家，何能聖善超今古？

九、百里奚自鬻章

萬章問曰：「或曰：『百里奚自鬻於秦養牲者，五羊之皮，食牛，以要秦穆公，信乎？』孟子曰：「否，不然。好事者為之也。」

「百里奚，虞人也。晉人以垂棘之璧，與屈產之乘，假道於虞以伐虢。宮之奇諫。百里奚不諫。」「知虞公之不可諫

萬章問曰人言誹，傳百里奚將自己，售與秦邦養畜人，羊皮得五而安矣。工作專為牛飼勤，以求秦穆迅邀延。不知是否真如此。孟答真情並不然。

百里名奚虞有職，晉人厚賂虞君惑。贈垂棘璧美奇珍，屈地良駒挑四匹。假道於虞對虢攻，宮之奇懼諫虞公。同時百里奚無諫，因曉虞公心已矇。

而去之秦，年已七十矣。曾不知以食牛干秦穆公之為汙也，可謂智乎？不可諫而不諫，可謂不智乎？知虞公之將亡而先去之，不可謂不智也。時舉於秦，知穆公之可與有行也，而相之，可謂不智乎？相秦而顯其君於天下，可傳於後世，不賢而能之乎？自鬻以成其君，鄉黨自好者不為，而謂賢者為之乎？」

離虞西走之秦地，七十耆翁非少艾。
假若飼牛干穆公，怎能不曉污之最？
離開不可諫愚夫，可謂渠無智慧乎？
預料虞亡先出走，爭能認作智全無？
相秦秦穆真幫手，稱霸而成天下首。
且顯其君後世傳，不賢無智何能有？
惟如自鬻使君知，鄉黨群賢且恥為。
社稷之臣如百里，誠然不致笨如斯。

萬章下篇

一、伯夷目不視惡色章

孟子曰：「伯夷，目不視惡色，耳不聽惡聲，非其君不事，非其民不使。治則進，亂則退。橫政之所出，橫民之所止，不忍居也。思與鄉人處，如以朝衣朝冠，坐於塗炭也。當紂之時，居北海之濱，

伯夷惡色目無巡，不正音聲耳拒聞。
不善烝黎迴避使，丹心不是忍殘君。
治世為官邪世避，躲開謬政根源地。
遠離橫暴莠民羣，如是原來含奧義。
認與無知若往還，猶如美服且朝冠。
坐於炭火灰堆內，紂世端居北海干。

以待天下之清也。故聞伯夷之風者，頑夫廉，懦夫有立志。」

「伊尹曰：『何事非君。何使非民？』治亦進，亂亦進。

曰：『天之生斯民也，使先知覺後知，使先覺覺後覺。

予，天民之先覺者也。予將以此道覺此民也。』思天下之民，匹夫匹婦，有不與被堯舜之澤者，

若己推而內之溝中，其自任以天下之重也。」

以期最後神州合，故伯夷風之所及。
堪使聞其節操人，頑夫廉潔懦夫立。
伊尹嘗云國主躬，吾能侍奉樂融融。
人民悉可供吾用。亂世承平出仕同。
又曰夫生民赤子，先知教後知之俚。
且先覺者道明人，使後覺人明道理。
我是人中先覺人，持堯舜道覺斯民。
惟憂部分神卅眾，聖道無蒙以潤身。
必猶困苦安康欠，援手雖施而未徧。
不啻係渠推入溝，渠之自任如斯善。

「柳下惠不羞於君，不辭小官。進不隱賢，
必以其道。遺佚而不怨，阨窮而不憫。
與鄉人處，
由由然不忍去也。『爾為爾，我為我。
雖袒裼裸裎於我側，爾焉能浼我哉！』
故聞柳下惠之風者，鄙夫寬，薄夫敦。」
「孔子之去齊，接淅而行。去魯，曰：
『遲遲吾行也！去父母國之道也。』

多姿柳下惠當謳，事奉昏君不覺羞。
官位雖低而不怨，為官不隱己才憂。
作事道塗惟正直，雖遭貶斥無怨惻。
陷於貧困不憂傷，處陋羣中猶自得。
卻是離開不忍為，惟云彼我近乎偎。
裸裎坦蕩於無側，又有何能穢我哉？
故聞柳惠之風後，鄙薄之夫慚已醜。
狹隘胸襟變闊寬，為人刻薄成敦厚。
孔子離齊急迫昰，未炊撈漬米而行。
臨離魯曰行須緩。父母之邦別緒縈。

可以速而速，可以久而久，可以處而處，可以仕而仕；孔子也。」

孟子曰：「伯夷，聖之清者也。伊尹，聖之任者也。

柳下惠，聖之和者也。孔子，聖之時者也。」「孔子之謂集大成。集大成也者，金聲而玉振之也。

金聲也者，始條理也。玉振之也者，終條理也。始條理者，智之事也。終條理者，聖之事也。」

可高隱避身藏迅，可仕進時親仕進。
可速離開則速離，可留久日留無吝。

伯夷亮節遠鬼污，諸聖人中清者乎。
伊尹教民憂未偏，聖之任者是楷模。

柳惠風能和聖果，仲尼則聖之時者。
集收前聖大成人，玉振金聲之謂也。

金聲示樂音開始，玉振為音樂尾章。
開始樂音宣示智，尾章表露聖凝香。

「智，譬則巧也。聖，譬則力也。由射於百步之外也。其至，爾力也；其中，非爾力也。」

智如技巧從心得，聖譬全身之立集。
如射須離百步多，箭能到達須憑立。
射中靶心技巧牽，仲尼技力兩雙全。
即渠聖智皆齊備，故世人稱大聖焉。

二、北宮錡章

北宮錡問曰：「周室班爵祿也，如之何？」孟子曰：「其詳，不可得聞也。諸侯惡其害己也，而皆去其籍。然而軻也，嘗聞其略也。」

「天子一位，

北宮錡問自周初，爵祿良規現有諸？
答曰詳規無法得，諸侯點冊悉消除。
因嫌爵祿良規備，擴土鯨吞皆有忌；
但我猶曾概略聞，周天子處超階位。

公一位，侯一位，伯一位，子男同一位，凡五等也。

君一位，卿一位，大夫一位，上士一位，中士一位，下士一位，凡六等。」

「天子之制，地方千里，公侯皆方百里，

伯七十里，子男五十里，凡四等。不能五十里，不達於天子，附於諸侯曰附庸。」

「天子之卿，受地視侯。大夫受地視伯。元士受地視子男。」

公次成為二級台，侯之地位是三階。
伯排更下當排四，五等子男成等儕。
君鄉至大夫三士，惡各一階排穴矣。
天子地區千里方，公侯各百零方里。
伯封七十亦恩覃，五十里方為子男。
尚有附庸當更小，低於五十亦心甘。
封土因官而異幅，鄉須比照侯之祿。
大夫與伯無不同，上士如同子男族。

「大國地方百里，君十卿祿，卿祿四大夫，大夫倍上士。

上士倍中士，中士倍下士，下士與庶人在官者同祿。祿，足以代其耕也。」

「次國地方七十里。君十卿祿，卿祿三大夫，大夫倍上士，

上士倍中士，中士倍下士。下士與庶人在官者同祿。祿，足以代其耕也。」

「小國地方五十里。君十卿祿，卿祿二大夫，大夫倍上士，

大國封疆百里蕪，國君十倍比卿帑。
大夫四倍為卿祿，上士支薪半大夫。
中士薪倍其下算，又為上士薪之半。
民官下士祿雷同，其祿足同耕作換。
七十邊疆次國型，邦君什一祿為卿。
大夫三倍為卿祿，上士犬夫之半呈。
上士為中之倍矣，而中下士差為倍。
庶人下士作官同，祿代其耕真自在。
五十封疆小國倫，卿之十倍乃為君。
大夫之祿卿之半，更半為諸上士羣。

上士倍中士，中士倍下士，下士與庶人在官者同祿，祿足以代其耕也。」

「耕者之所獲，一夫百畝，百畝之糞，上農夫食九人，上次食八人，中食七人，中次食六人，下食五人，庶人在官者，其祿以是為差。」

三、敢問友章

萬章問曰：「敢問友。」孟子曰：「不挾長，不挾貴，不挾兄弟而友。

上士為中之倍俸，尤為下士之雙重。
庶人下士卻相同，祿悉代其耕作供。

肥田百畝一夫輪，收穫堪　養九人。
上次養人能八位，中田亦養七平民。

六人中次田依享，最下五人堪善養。
服務機關之庶民，俸薪等第全相倣。

萬章問曰馬交往？孟子回言休挾長，
勿仗吾身地位高，忌依兄弟為憑仗。

友也者，友其德也，不可以有挾也。」
「孟獻子，百乘之家也。
有友五人焉：樂正裘、牧仲。其三人則予忘之矣。獻子之與此五人者友也。無獻子之家者也。此五人者，亦有獻子之家，則不與之友矣。」
「非惟百承之家為然也，雖小國之君亦有之。費惠公曰：『吾於子思，則師之矣。
吾於顏般，則友之矣。王順長息，則事我者也。』『非惟小國之君為然也。

交友宜交品德嘉，休存依恃乃偏差。
魯邦孟獻子名蔑，賢大夫家百乘車。
有友五人交莫逆，牧中樂正裘遵德。
心無獻子百兵車，否則交情胥滅熄。
非惟百乘友如斯，小國之君亦友之。
費惠公言為例證：子思吾禮遇為師。
顏般待遇為朋矣，長息同儕王順仕。
則係事吾之僕臣。非唯小國君如此。

雖大國之君亦有之。晉平公之於亥唐也。入云則入，坐云則坐，食云則食。雖疏食菜羹，未嘗不飽。蓋不敢不飽也。然終於此而已矣。弗與共天位也，弗與治天職也，弗與食天祿也。士之尊賢者也，非王公之尊賢也。」

「舜尚見帝，帝館甥于貳室，亦饗舜，迭為賓主。是天子而友匹夫也。」「用下敬上，謂之貴貴；用上敬下，謂之尊賢。

大國之君亦有耶，晉平公訪亥唐家。
入云方入坐云坐，云食方才食祭牙。
雖處粗羹疏食置，必須吃飽為風致。
無非盡禮所留為，弗與共天之爵位。
未曾給任一官焉，亦未為天賜祿田。
態度為尊賢用士，非王公態以尊賢。
舜在歷山耕種日，已成堯壻朝堯畢。
堯排舜住副宮中，時訪舜居餐飯飶。
遂常相互主賓呼，天子而能友匹夫。
下敬上方尊貴顯，上崇下位重賢儒。

貴貴尊賢，其義一也。」

四、敢問交際章

萬章問曰：「敢問交際，何心也？」

孟子曰：「恭也。」

曰：「卻之，卻之，為不恭，何哉？」

曰：「尊者賜之，曰：『其所取之者，義乎？不義乎？』而後受之。以是為不恭，故弗卻也。」

尊賢貴貴同其義，受敬當因賢德備。
虎拜龍飛肇帝基，恩覃四海仁風被。

萬章問曰社交臨，餽贈人情古迄今。
敢問有何深意也。答云恭敬表誠心。

一再卻之為小覷。請師明示何原故。
吾於尊者饋時思：渠物須無違義路。

而後方能受且愉，內心原本視輕渠。
如斯乃是無恭敬，故不退還方晏如。

曰：「請無以辭卻之，以心卻之，曰：『其取諸民之不義也。』而以他辭無受，不可乎？」

曰：「其交也以道，其接也以禮，斯孔子受之矣。」

萬章曰：「今有禦人於國門之外者，其交也以道，其餽也以禮，斯可受禦與？」

曰：「不可。唐誥曰：『殺越人于貨，閔不畏死，凡民罔不譈。』

請莫以辭來卻抵，以心忖度難收禮。
財無不義取諸民，可否如斯無觸羝？

禮節無違足夠高。遵從道義以相交。
縱然孔子今天現，也會欣然受禮包。

今有人兮城外奪，偏循道義來交結，
並依禮節饋吾贓，豈可收之非謝絕？

孟子頒言不可行，書經康誥敘分明：
殺人越貨輕渠死，民悉憎渠爆且獰。

是不待教而誅者也。殷受夏，周受殷，所不辭也，於今為烈，如之何其受之！」

曰：「今之諸侯，取之於民也，猶禦也。苟善其禮際矣，斯君子受之。敢問何說也？」曰：「子以為有王者作，將比今之諸侯而誅之乎？其教之不改而後誅之乎？夫謂『非其有而取之者，盜也。』充類至義之盡也。孔子之仕於魯也，魯人獵較，孔子亦獵較。

無須教戒先諸斬，歷夏殷周無赦免。
此法如今更厲嚴，怎能其禮收無靦？

諸侯棓歛自民來，不啻強梁路劫財。
以禮對師來接待，如斯君子受無推。
敢問希求明答復？曰尚請子今思熟。
若今王者起而興，豈可諸侯皆受戮。
教而不拔殺其身，強取非其財貨人，
一律稱之為賊盜，係由廣義以言申。
原來取劫非同調，不是諸侯皆匪盜。
孔子為官在魯時，參加獵較身心到。

獵較猶可，而況受其賜乎？」曰：「然則孔子之仕也，非事道與？」曰：「事道也。」

「事道奚獵較也？」曰：「孔子先簿正祭器，不以四方之食供簿正。」

曰：「奚不去也？」曰：「為之兆也。兆足以行矣。而不行，而後去，

是以未嘗有所終三年淹也。」「孔子有見行可之仕，有際可之仕，有公養之仕。」

流風若是共馳驅，況受諸侯賜禮乎？
孔子為官行道否？云：渠行道不含糊。
道行獵較奚能取？祭器正名皆入簿，
不載多方美食供，漸能獵較歪風杜。
此路難通孔素王，緣何不即往他方？
欲成行道之端倪，見道不行而出疆。
淹留未滿三年客，望道能行方受職。
或有王侯禮遇時，或君恰具尊賢意。

於季桓子，見行可之仕也。於衛靈公，際可之仕也。於衛，孝公公養之仕也。」

五、仕非為貧章

孟子曰：「仕非為貧也，而有時乎為貧。娶妻非為養也，而有時乎為養。」

「為貧者，辭尊居卑，辭富居貧。」

「辭尊居卑，辭富居貧，惡乎宜乎？抱關擊柝。」「孔子嘗為委吏矣，曰：『會計當而已矣。』

季桓子兮復道忠，待師以禮衛靈公。
養賢衛孝公誠意，悉有當初鮮克終。

孟云從仕不因貧，惟或因貧作祿臣。
娶女原非親奉養，有時為養娶佳人。

因貧而仕高軒避，寧接卑微低賤位。
辭卻朝廷顯赫官，願充俸祿偏低吏。

辭尊拒富就貧卑，擊柝抱關斯合宜。
孔子曾充倉委吏，曰當會計我安之。

嘗為乘田矣。曰：『牛羊茁壯長而已矣。』」「位卑而言高，罪也。立乎人之本朝而道不行，恥也。」

乘田官吏嘗為矣。曰令牛羊肥壯耳。
職小言高是罪愆，官高道滯真為恥。

六、不託諸侯章

萬章曰：「士之不託諸侯，何也？」

孟子曰：「不敢也。諸侯失國而後託於諸侯，禮也。士之託於諸侯，非禮也。」

萬章曰：「君餽之粟，則受之乎？」

曰：「受之。」「受之，何義也？」

曰：「君之於氓也，固周之。」曰：「周之則受，賜之則不受，何也？」

萬章曰士無官做，不向諸侯支待遇。
畢竟原因安在哉？答云不敢求之故。
諸侯失國往他邦，禮受乾薪作寓公。
士託諸侯無仕祿，如求待遇禮難通。
君如餽粟收焉可？曰受詢云何不捨？
答曰因君固濟氓。拒薪收粟何緣也？

曰：「不敢也。」曰：「敢問其不敢，何也？」曰：「抱關擊柝者，皆有常職以食於上。

由於不敢受乾薪，不敢原因竊願聞。
曰抱關人同擊柝，皆居其職食於君。

無常職而賜於上者，以為不恭也。」曰：「君餽之，則受之，不識可常繼乎？」

士蒙君俸無常職，乃是不恭難苟得。
曰餽從君卻照收，豈能繼續無停息？

曰：「繆公之於子思也，亟問亟餽鼎肉，子思不悅，於卒也，摽使者出諸大門之外。

繆公之待子思繁，亟問頻頒鼎肉飧。
終使子思心不悅，手揮使者出前門。

北面稽首再拜而不受，曰：『今而後，知君之犬馬畜伋。』蓋自是臺無餽也。

兩番稽首身朝北，拒受辭云今後識，
蓄伋無非犬馬般。繆公從此停供餉。

悅賢不能舉，又不能養也，可謂悅賢乎？」曰：「敢問國君欲養君子，如何斯可謂養矣？」

曰：「以君命將之，再拜稽首而受。其後廩人繼粟，庖人繼肉，不以君命將之。

子思以為鼎肉，使己僕僕爾亟拜也，非養君子之道也。」

「堯之於舜也，使其子九男事之，二女女焉，百官牛羊倉廩備，以養舜於畎畝之中。

悅賢不克舉良夫，可謂悅賢之道乎？
敢問國君恩養士，如何舉措可無虞？

曰是君恩先送抵，叩頭再拜收支矣。
後來繼粟肉多回，不可每回頒聖旨。

子思認鼎肉雖滋，次次唧君命送之。
必亟謝恩忙拜叩，養賢之道豈如斯！

堯之養舜田間得，命九兒男為執役。
倉廩牛羊官備齊，嫁渠二女為堂客。

後舉而加諸上位。故曰：『王公之尊賢者也。』」

七、不見諸侯章

萬章曰：「敢問不見諸侯，何義也？」

孟子曰：「在國，曰市井之臣；在野曰草莽之臣，皆謂庶人。庶人不傳質為臣，不敢見於諸侯，禮也。」

萬章曰：「庶人，召之役，則往役；君欲見之，召之，則不往見之，何也？」

曰：「往役，義也；往見，不義也。」

終於舉用位高昂，故曰尊賢有義方。
堯帝真誠優待舜，遂成郅治永流芳。

章詢不與諸侯晤，未悉所持何義據。
孟子回言在國居，乃為市井之臣庶。
在鄉則草莽之流，亦係庶人之匹儔。
依禮未經臣贄者，斷乎不敢見諸侯。
庶人召役無迴避，君召又緣何不至？
往役原為義務兮；然而往見終非義。

「且君之欲見之也，何為也哉？」曰：「為其多聞也，為其賢也。」曰：「為其多聞也，則天子不召師，而況諸侯乎？為其賢也，則吾未聞欲見賢而召之也。繆公亟見於子思曰：『古千乘之國以友士，何如？』子思不悅，曰：『古之人有言，曰：事之云乎！豈曰友之云乎？』子思之不悅也，豈不曰：『以位，則子君也，我臣也，何敢與君友也？』以德，

國君欲面見渠來，畢竟動機安在哉？
蓋彼多聞之所致，亦因慕彼俊賢才。
王慕吾師聞俊絕，且猶不召往朝謁。
諸侯地位不如王，怎可召師來踵闕？
為賢而召未之聞。訪子思頻魯繆云：
千乘右君而友士，不知是否兩交欣？
子思不悅申其理：古聖人言非若此，
尊士為師乃係君，絕非友士能相比。
緣何不悅究其因：地位而言我系臣；
但子為君何敢友！惟如言德我超倫。

則子事我者也，奚可以與我友？』千乘之君，求與之友而不可得也，而況可召與？」

「齊景公田，招虞人以旌。不至，將殺之。

『志士不忘在溝壑，勇士不忘喪其元』，孔子奚取焉？取非其招不往也。」

曰：「敢問招虞人，何以？」曰：「以皮冠。庶人以旃，士以旂，大夫以旌。」

「以大夫之招招虞人，

故子事余纔合對，怎能交我如朋輩。
國君千乘友無從，何況召之尤謬悖。

昔時齊景獵田行，卻召虞人用羽旌。
非禮故虞人不往，景公怒起殺機萌。

仲尼稱讚其純恪：志士不忘填澗壑，
勇士不忘喪本元。指非其召當推卻。

召請虞人何物端？虞人皮帽庶為旃，
大夫旌召我召士。豈可虞人以此宣？

虞人死不敢往。以士之招招庶人，庶人豈敢往哉？況乎以不賢人之招招賢人乎！」

「欲見賢人而不以其道，猶欲其入而閉之門也。夫義，路也；禮，門也。惟君子能由是路，出入是門也。詩云：『周道如底，其直如矢。君之所履，小人所視。』」

萬章曰：「孔子『君命召，不俟駕而行。』然則孔子非與？」曰：「孔子當仕，

虞人不往當然正。以士之召召百姓，
百姓雖愚趕往哉？況持謬禮招賢聖！

不循正道昭賢人，猶欲招賢卻閉門。
禮義猶如門與路，端人出入必經閭。

詩云大路為何相？若砥無彎如矢狀。
在位君臣若是行，一般庶眾須依樣。

孔子聞君已招他，登時步往未驅車。
看來孔子為非與？孔子當官居有衙，

有官職，而以其官召之也。」

八、一鄉之善士章

孟子謂萬章曰：「一鄉之善士，斯友一鄉之善士；一國之善士，斯友一國之善士；天下之善士，斯友天下之善士。」「以友天下之善士為未足，又尚論古之人。頌其詩，讀其書，不知其人可乎！是以論其世也，是尚友也。」

不能俟駕因行逼。君主因其原供職。乃急召之而未疑，故知孔子無違直。

孟軻謂萬章如是：善士結交恒善士。居住鄉閭限一鄉，居邦即達全邦矣。推之天下必為真，天下善人交善倫。倘若以為猶未足，無妨論及古之人。誦其詩卷稽其記，不可不知其實際。故必研其事與文，方能尚友論其世。

九、問卿章

齊宣王問卿。孟子曰：「王何卿之問也？」王曰：「卿不同乎？」曰：「不同。有貴戚之卿，有異姓之卿。」王曰：「請問貴戚之卿。」曰：「君有大過則諫。

反覆之而不聽，則易位。」王勃然變乎色。曰：「王勿異也。

王問臣，臣不敢不以正對。」王色定，然後請問「異姓之卿。」曰：「君有過則諫。反覆之而不聽，則去。」

齊宣王問卿何辨？對曰王何卿欲問？
王詫云卿有異乎？曰卿具不同名分。
一為貴戚誼同宗，也有賢卿姓不同。
王問姓同之貴戚。諫王大過與昏曚。
反覆諫君君不納，則能廢舊迎新立。
宣王面色勃然驚。曰請吾王無忿悒。
王詢故敢稟真情。色定王詢異姓卿。
對曰如君逢大過，不聽屢諫即辭行。

告子上篇

一、杞柳章

告子曰：「性，猶杞柳也；義，猶桮棬也。以人性為仁義，猶以杞柳為桮棬。」孟子曰：「子能順杞柳之性而以為桮棬乎？將戕賊杞柳而後以為桮棬也？如將戕賊杞柳而以為桮棬，則亦將戕賊人以為仁義與？

告子偈言性怪哉，猶如起柳乃原材。
世人之義杯盤也，人性成為仁義瑰。
由杞柳製杯盤硬。孟曰人依杞柳性，
製造杯盤使用乎？柳須戕賊而功竟？
如先杞柳受摧殘，而後成為杯與盤。
豈是人須戕賊後，方能仁義映心丹？

率天下之人而禍仁義者，必子之言夫！」

二、湍水章

告子曰：「性，猶湍水也。決諸東方則東流，決諸西方則西流。

人性之無分於善不善也，猶水之無分於東西也。」孟子曰：「水信無分於東西，

無分於上下乎？人性之善也，猶水之就下也。人無有不善，水無有不下。

率領溥天之誤引，橫將仁義加殘損。
必為根據子之言，是故子言難站穩。

告子常云人性比，猶如湍急之流水。
導之東向則東流，引導朝西西地徙。

原本性無分善惡，如同水不辨東西。
孟云杳水之流動，確是東西不分兮。

豈能上下無度量？性善人初生相若。
猶似水皆朝下流，水無向上人無惡。

今夫水，搏而躍之，可使過顙。激而行之，可使在山。是豈水之性哉？其勢則然也。人之可使為不善，其性亦猶是也。」

三、生之謂性章

告子曰：「生之謂性。」孟子曰：「生之謂性也，猶白之謂白與？」曰：「然。」「白羽之白也，猶白雪之白；白雪之白，猶白玉之白與？」曰：「然。」「然則犬之性，猶牛之性；牛之性，猶人之性與？」

誠然拍水躍謀求，可使高於額角頭。
戽水使之朝上到，能使低水上山流。
此豈水之原性格？乃為形勢之強迫。
善人變惡是何由？其性猶如斯變革。

告子釋生是性原。孟子遂問據斯言，
目觀物品之為白，是否咸宜白色論？
曰然白羽之為白，猶若白雪呈白澤。
白雪之呈白澤兮，豈同白玉白光射？
答曰當然信不誣。由於白色固無殊。
然則犬性如牛性，牛性亦如人性乎？

四、食色性也章

告子曰：「食色，性也。仁，內也，非外也；義，外也，非內也。」

孟子曰：「何以謂仁內義外也？」曰：「彼長而我長之，非有長於我也，猶彼白而我白之，從其白於外也，故謂之外也。」

曰：「異於白馬之白也，無以異於白人之白也；不識長馬之長也，無以異於長人之長與？

告子揚言性想開，無非食色兩求哉。
人為內在非從外，但義當從外面來，
孟軻遂請明言示，仁義如何分內外？
曰彼年齡長我多，余之敬彼因齡大。
內心尊敬本無兮，由彼白而余白之。
彼白由於渠外白，因云義係外之為。
白馬白人同白也。然而人與高齡馬，
安能一樣受尊崇？又問誰為施義者？

且謂長者義乎？長之者義乎？」曰：「吾弟則愛之，秦人之弟則不愛也，是以我為悅者也，故謂之內。長楚人之長，亦長吾之長，是以長為悅者也，故謂之外也。」曰：「耆秦人之炙，無以異於耆吾炙。夫物則亦有然者也，然則耆炙亦有外與？」

五、孟季子章

孟季子問公都子曰：「何以謂義內也？」曰：「行吾敬，故謂之內也。」

高齡豈義在渠軀？敬老之人具義乎？
不愛秦人之幼弟，卻疼胞弟願提扶。
乃是由於無內在，故宜承認仁為內。
尊崇楚國老年人，也對吾耆純存敬愛，
皆因其老悅而親，因此認為由外因。
嗜炙不分秦炙肉，或吾所炙悉廚珍。
其餘品物盈千億，亦有雷同之品式。
嗜炙之心豈外乎？子之言內包涵食。

孟季子兮聞得音。詢公都子曰於今，
不知義內如何解？曰敬行為從我心。

「鄉人長於伯兄一歲，則誰敬？」曰：「敬兄。」「酌則誰先？」曰：「先酌鄉人。」「所敬在此，所長在彼，果在外，非由內也。」公都子不能答，以告孟子。孟子曰：「敬叔父乎？敬弟乎？彼將曰：「敬叔父。」曰：『弟為尸，則誰敬？』彼將曰：『敬弟。』子曰：『惡在其敬叔父也？』彼將曰在位故也。

鄉人長伯兄期歲，若敬限於一位。
則敬鄉人抑或兄？當然敬伯兄無貳。
酌酒誰先方合情？理當先酌與鄉人。
心中對伯兄尊敬，依禮須遵另一身。
果然係外非由內。聞此公都子語塞，
以告孟軻孟子云：問其叔弟孰虔愛？
渠將曰叔不含糊。弟若為尸敬弟乎？
敬弟緣何非敬叔？由於地位兩懸殊。

子亦曰：『在位故也。庸敬在兄，斯須之敬在鄉人。』」季子聞之曰：「敬叔父則敬，敬弟則敬。果在外，非由內也。」

公都子曰：「冬日則飲湯，夏日則飲水，然則飲食亦在外也？」

六、公都子章

公都子曰：「告子曰：『性無善，無不善也。』或曰：『性可以為善，可以為不善，是故文武興，則民好善。

子亦須云因位易。鄉人受敬因為客。
無何孟季子聞之，辯箭又朝都子射：
平時對叔敬恭施。弟位崇高敬弟宜。
可見義由身體外，非由心內發生之。
都子于時義釋逐：夏天飲水宜充沛。
冬寒則飲熱漿湯。飲食如何能在外？

公都子曰告生云：人性原無善惡分。
或曰性能良與惡，故文武出善無垠。

幽厲興，則民好暴。或曰：「有性善，有性不善，是故以堯為君，而有象，以瞽瞍為父，而有舜，以紂為兄之子，且以為君，而有微子啟、王子比干。今曰性善，然則彼皆非與？」孟子曰：「乃若其情，則可以為善矣，乃所謂善也。若夫為不善，非才之罪也。惻隱之心，人皆有之；羞惡之心，人皆有之；恭敬之心，人皆有之；是非之心，人皆有之。

厲幽主政岷無禮，堯日象邪為舜弟。
瞽瞍能生舜聖王。紂王有比干微啟。
師云人性善無殊，則彼之言錯誤乎？
孟子回言情自性，誠能為善不含糊。
故我堅持良善篤。雖然作惡人縱慾；
然非本質罪衍含，物欲薰心心染毒。
人心稟賦是非濃。個個心中惻隱充。
羞惡之心人悉有，心存恭敬世人同。

惻隱之心，仁也；羞惡之心，義也；恭敬之心，禮也；是非之心，智也。仁義禮智，非由外鑠我也。我固有之也，弗思耳矣。故曰：求則得之，舍則失之。

或相倍蓰而無算者，不能盡其才者也。」

「詩曰：『天生蒸民，有物有則。民之秉夷，好是懿德。』

孔子曰：『為此詩者，其知道乎！故有物必有則，民之秉夷也，故好是懿德。』」

惻隱之心人乃示，心凝羞惡斯為義。
存心恭敬禮之根，能判是非心主智。
義仁禮智在吾身，非外施工煉我成。
只是未曾思考耳，用心追索自能明。
人與他人差倍蓰，甚而竟至無窮底。
劇憐才智悉高深，未盡發揮而引起。
詩曰天生眾庶黎，形成體物有常規。
人民執此恆真理，胥受無垠美德垂。
孔子嘗云詩之述，必明情理之原則。
群黎秉執此徽音，性善當然崇美德。

七、富歲子弟章

孟子曰：「富歲子弟多賴，凶歲子弟多暴，非天之降才爾殊也。其所以陷溺其心者然也。」「今夫麰麥，播種而耰之，其地同，樹之時又同，浡然而生。至於日至之時，皆熟矣。雖有不同，則地有肥磽，雨露之養，人事之不齊也。故凡同類者，舉相似也。何獨至於人而疑之？聖人與我同類者。

孟軻卓語穫豐禾，子弟行為為善多。
不幸饑年之子弟，大都殘暴性偏頗。
非由歧異之天賜，環境推心沉溺致。
大麥播田作比方，土時耕植皆無異。
禾苗速長在田疇，夏至豐登遂刈收。
穫量不同因雨霖，肥磽人事不同儔。
故凡同類能生者，本質由來無右左。
何獨於人則起疑？聖人與我無圓橢。

故龍子曰：『不知足而為屨，我知其不為蕢也。』屨之相似，天下之足同也。

口之於味，有同耆也。易牙先得我口之所耆者也。如使口之於味也，其性與人殊，若犬馬之與我不同類也。

則天下何耆，皆從易牙之於味也。至於味，天下期於易牙，是天下之口相似也。」

「惟耳亦然。至於聲，天下期於師曠，是天下之耳相似也。

故龍子曰足無知，不製草鞋成畚箕。天下草鞋相類似，因人之足式無歧。

口之味覺人無異，皆羨易牙調口味。口味苟如人不同，像人犬馬無彷彿。

緣何悉愛綺筵耶，希冀味能調易牙？足證人人嗜美味，溥天之下幾無差。

人之耳朵同超卓，胥愛聆聽師曠樂。曲調諧和享受真，證明人耳同聽覺。

惟目亦然。至於子都，天下莫不知其姣也。不知子都之姣者，無目者也。故曰：口之於味也，有同耆焉；耳之於聲也，有同聽焉；目之於色也，有同美焉。至於心，獨無所同然乎？心之所同然者，何也？謂理也，義也。聖人先得我心之所同然耳。故理義之悅我心，猶芻豢之悅我口。」

眼睛舉世悉精明，讚頌子都美絕倫。
未曉子都姣美者，生來缺目色盲人。
故云口味皆寬厚，耳對聽者同樣有。
美色當前眼感同，獨心無所相同否？
心同所愛賽神仙？禮義聖人得在先。
確實使全心快樂，猶如芻豢口中填。

八、牛山之木章

孟子曰：「牛山之木嘗美矣。以其郊於大國也，斧斤伐之，

孟曰牛山之樹群，昔時茂密美無倫。
惟因地近名都會，遂致斧斤戕伐頻。

可以為美乎？是其日夜之所息，雨露之所潤，非無萌櫱之生焉。牛羊又從而牧之，是以若彼濯濯也。人見其濯濯也，以為未嘗有材焉。此豈山之性也哉？」

「雖存乎人者，豈無仁義之心哉？其所以放其良心者，亦猶斧斤之於木也。旦旦而伐之，可以為美乎？其日夜之所息。

平旦之氣，其好惡與人相近也者幾希，則其旦晝之所為，有梏亡之矣。梏之反覆，則其夜氣不足以存。

終於茂美難如意，晝夜雖然仍續孳。
雨露無私潤澤之，新芽嫩葉猶紛出。

牛羊山上牧群驅，遂至成為寸草無。
舉世以為原缺樹，豈山本性若斯乎？

人之本性相同美，仁義之心原有矣。
放棄良心之所由，是猶刀斧摧林耳。

天天砍伐美無呈，恰若牛山樹木萌。
晝夜良心生息矣，凌晨神氣特清明。

時逢平坦心超卓，絕類時人同好惡。
至晝行為受染污，善心反覆成浮薄。

夜氣不足以存，則其違禽獸不遠矣。人見其禽獸也，而以為未嘗有才焉者，是豈人之情也哉？」故苟得其養，無物不長。苟失其養，無物不消。孔子曰：『操則存，舍則亡。出入無時，莫知其鄉。』惟心之謂與？」

九、無或王之不智章

孟子曰：「無或乎王之不智也。雖有天下易生之物也，一日暴之，十日寒之，

終於消滅竟無遺，做歹為非禽獸姿。
人見卑污之動作，以為未具善良基。
故知培養無魔障，生物皆能滋長旺。
培養欠全本性完，當然顯露消亡狀。
仲尼指出動無時，握則存之捨則萎。
人莫知其何處往。此言即是指心思。
孟子評王缺智端，無須疑惑而欷歎。
溥天之下超生物，一樣隨之十日寒。

未有能生者也。吾見，亦罕矣。吾退，而寒之者，至矣。吾如有萌焉。何哉！」「今夫弈之為數，小數也。不專心致志，則不得也。弈秋，通國之善弈者也。使弈秋誨二人弈。其一人專心致志，惟弈秋之為聽。一人雖聽之，一心以為有鴻鵠將至，思援弓繳而射之。雖與之俱學，弗若之矣。為是其智弗若與？曰：非然也。」

未有能生之理者，見王時次皆稀寡。吾方退殿有寒臣，不斷使王寒冷也。吾雖欲使發芽株，又怎能生作用乎？舉例圍棋雖小技，必須心意不偏倶。奕秋善奕無人抗，指導二人棋對仗。一位專心致志聽，另人雖亦成聽狀。卻想將覘鴻鵠飛，良弓可挽射之歸。如斯學藝當然遜，其智差乎答案非。

十、魚我所欲章

孟子曰：「魚，我所欲也；熊掌，亦我所欲也。二者不可得兼，舍魚而取熊掌者也。生，亦我所欲也；義，亦我所欲也，二者不可得兼，舍生而取義者也。生亦我所欲，所欲有甚於生者，故不為苟得也。死亦我所惡，所惡有甚於死者，故患有所不辟也。

孟子云魚我所圖，熊蹯味遠勝園蔬。
魚蹯不可能兼得，當取熊蹯而捨魚。
義生悉保吾需也，二者如逢兼不可。
只得將其一捨之，捨生取義斯安妥。
因生雖我必需遵，但義此生由貴珍，
使我更深加愛惜，故吾不苟且因循。
受死吾深憂憎忌，惟獨更有堪悲事。
使吾即使禍臨頭，亦必坦然無躲避。

如使人之所欲莫甚於生，則凡可以得生者，何不用也？使人之所惡，莫甚於死者，則凡可以辟患者，何不為也？由是則生而有不用也。由是則可以辟患而有不為也。是故所欲有甚於生者，所惡有甚於死者，非獨賢者有是心也。人皆有之，賢者能勿喪耳。」「一簞食，一豆羹，得之則生，弗得則死。嘑爾而與之，行道之人弗受。蹴爾而與之，乞人不屑也。

設若世人之欲根，胥為求自己生存。緣何一切求生法，偏不參詳用幾番？若人所惡無踰死，則避死亡之巧技。胡不詳研運用之？原因探討明其理。可作保生偏未做，能防殀死。卻無防。乃緣其愛超生命，所惡甚於身死亡。非獨是心賢者執，人皆持有賢無失。豆羹簞食得之生，不得罹饑而至卒。吼叱呼咆而與之，路人雖饑也推辭。磋蹂踏跳而施捨，乞丐拒收而速離。

萬鍾則不辨禮義而受之。萬鍾於我何加焉？

為宮室之美，妻妾之奉，所識窮乏者得我與？

鄉為身死而不受。今為宮室之美為之。鄉為身死而不受，今為妻妾之奉為之。

鄉為身死而不受，今為所識窮乏者得我而為之，是亦不可以已乎？此之謂失其本心。」

萬鍾俸祿欣然幹，禮義全然無剖判。
究竟於我何所增，茲詳分析其條貫：
豈為住宅麗華都，美妾嬌妻之奉殊。
所識窮人因我濟，對我特別感恩乎？
昔無意受寧身歿，今僅為迷妻妾煩。
違背良心接受之，或緣屋美而欣接。
寧堪自殞辭於昔，竟濟朋窮受在今。
難道果真無別法，此為喪失本心。

十一、仁，人心也章

孟子曰：「仁，人心也；義，人路也。舍其路而弗由，放其心而不知求，哀哉！人有雞犬放，則知求之。有放心，而不知求。學問之道無他，求其放心而已矣。」

義維人路上天修，仁乃人心不可丟。
堪歎丟心無意覓，捨其正路不經由。
雞犬失蹤求遍急，心如迷失偏無覓。
精研學問道無他，已失之心尋則迪。

十二、無名之指章

孟子曰：「今有無名之指，屈而不信，非疾痛害事也。如有能信之者，

孟云今有無名指，彎曲不能伸直矣。
非病無妨作事多，但求矯正奔千里。

則不遠秦楚之路，為指之不若人也。指不若人，則知惡之。心不若人，則不知惡。此之謂不知類也。」

十三、拱把桐梓章

孟子曰：「拱把之桐梓，人苟欲生之，皆知所以養之者。至於身，而不知所以養之者，豈愛身不若桐梓哉？弗思甚也。」

遍求秦楚巧良醫，指不如人猶惡之。
心不如人無惡覺，是非輕重竟無知。

孟云兩手能圍起，一手能環桐與梓。
苟欲其生長正常，皆知培養施其技。
自身肢體過輕肥，不曉如何養入微。
身豈輸於桐與梓？此為不甚慮之非。

十四、人之於身章

孟子曰：「人之於身也，兼所愛。兼所愛，則兼所養也。無尺寸之膚不愛焉，則無尺寸之膚不養也。所以考其善不善者，豈有他哉？於己取之而已矣。體有貴賤，有小大。無以小害大，無以賤害貴。養其小者為小人，養其大者為大人。今有場師，舍其梧檟，養其樲棘，則為賤場師焉。

孟曰王侯同眾庶，身軀各部皆兼顧。
俱知保養至精微，尺寸肌膚都愛護。
欲知保養豈真良，側重身軀那一方。
則體宜區分貴賤，使其大小悉安康。
小如害大徒招禍，賤害貴兮尤不可。
養大可歸為大人，養其小者成么麼。
今有場師事倒顛，梧桐梓樹棄旁邊。
偏栽荊棘同酸棗，則係糊塗園藝員。

養其一指而失其肩背而不知也，則為狼疾人也。

飲食之人，則人賤之矣，為其養小以失大也。

飲食之人，無有失也，則口腹豈適為尺寸之膚哉？」

十五、鈞是人章

公都子問曰：「鈞是人也，或為大人，或為小人，何也？」孟子曰：「從其大體為大人，從其小體為小人。」

養一指兮斯不智，因遭失去渠肩背。
而渠猶懵不明知，則與豺狼同疾憒。

窮研美食享羞珍，不是崇高思想人。
養小而終於失大，受人藐視怨雜陳。

但若精研鮮美食，猶能心志全無失。
則餐異饌並佳餚，不僅肌膚能迪吉。

公都子問悉蒼生。怎有小人同大人？
曰是小人從小體，大人大體潤其身。

曰：「鈞是人也。或從其大體，或從其小體，何也？」曰：「耳目之官不思，而蔽於物。物交物，則引之而已矣。心之官則思，思則得之，不思則不得也。此天之所與我者，先立乎其大者，則其小者不能奪也。此為大人而已矣。」

體分大小緣何理？耳目官能為小體。
思考全無受物蒙。引牽物欲迷無底。
心為大體乃能思。善性由思而得之。
苟若不思焉可得？此天所賜大恩慈。
大體必須先使活，則其小體無從奪。
因為耳目服從心，欲作大人斯可達。

十八、天爵章

孟子曰：「有天爵者，有人爵者。仁義忠信，樂善不倦，此天爵也。公卿大夫，此人爵也。古之人，脩其天爵，

孟軻分析云天爵，信義仁忠為善樂。
人爵則公卿大夫。古人天爵修勤格。

而人爵從之。今之人，脩其天爵，以要人爵。既得人爵，而棄其天爵，則惑之甚者也，終亦必亡而已矣。」

十七、欲貴者章

孟子曰：「欲貴者，人之同心也。人人有貴於己者，弗思耳。

人之所貴者，非良貴也。趙孟之所貴，趙孟能賤之。

詩云：『既醉以酒，既飽以德。』言飽乎仁義也，所以不願人之膏粱之味也；

人爵隨來不用愁。今之天爵或先修。
得人爵後拋天爵，終必並其人爵丟。

孟曰穿朱兼佩紫，是人同願之心理。
惟人悉有寶隨身，只是未曾思考耳。
他人所賜位高擎，未必真偽良寶珍。
趙孟先時之所貴，後來趙孟使湮淪。
詩云醉酒唇芳郁，德亦欣然填飽腹。
其義為仁德既填，因而不羨膏粱馥。

令聞廣譽施於身，所以不願人之文繡也。」

十八、仁勝不仁章

孟子曰：「仁之勝不仁也，猶水勝火。今之為仁者，猶以一杯水，救一車薪之火也。不熄，則謂之水不勝火，此又與於不仁之甚者也。亦終必亡而已矣。」

令聞廣譽集吾衷，縱使公卿爵祿豐。文繡衣冠何貴重，不能使我屈微躬。

孟曰仁之勝不仁，猶如水尅火之真。即今竟有行仁者，用水一杯救輦薪。既然滅火無原則，便說水難澆火熄。此類之人亦不仁，原先一點仁全蝕。

十九、五穀章

孟子曰：「五穀者，種之美者也。苟為不熟，不如荑稗。夫仁，亦在乎熟之而已矣。」

五穀雖知種至精，惟如不熟即收成，
不如荑椑之為用。仁亦在乎熟力行。

二十、羿之交射章

孟子曰：「羿之教人射，必志於彀。學者亦必志於彀。大匠誨人，必以規矩，學者亦必以規矩。」

羿之教射彀須工。學者之人拉滿弓。
木匠誨人規與矩，學生必練矩規功。

告子下篇

一、任人問屋廬子章

任人有問屋廬子曰：「禮與食孰重？」曰：「禮重。」

「色與禮孰重？」曰：「禮重。」曰：「以禮食，則飢而死；不以禮食，則得食，必以禮乎？親迎，則不得妻；不親迎，則得妻，必親迎乎？」

任人詢問屋廬連：禮食如難以顧全，取捨當如何決定？答云禮重取之焉。色禮如何輕重識？當然重禮而輕色。假如依禮餓而亡，而不以禮能得食。安能必禮食無之？苟若親迎不得妻，不以親迎妻可得，親迎豈必要拘泥？

屋廬子不能對。明日之鄒，以告孟子。孟子曰：「於答是也何有？不揣其本，而齊其末。方寸之木，可使高於岑樓。金重於羽者，豈謂一鉤金，與一輿羽之謂哉？取食之重者，與禮之輕者而比之，奚翅食重？取色之重者，與禮之輕者而比之，奚翅色重？往應之曰：『紾兄之臂而奪之食，則得食。不紾，則不得食，則將紾之乎？踰東家牆而摟其處子，則得妻。不摟，則不得妻，則將摟之乎？』」

屋廬子口難言理，明日之鄒詢孟子。
孟子回言駁不難。忘基只宋來相比。
寸未能高過峻樓，金當重過羽毛球。
豈言羽一車之重，不及黃金只一鉤？
食之重者禮輕者，相較當然食重也。
色重如逢禮特輕，誠然色上禮居下。
吾子不妨唇舌敲：紾兄之臂獲珍肴，
安能紾令兄之臂，因此忍將情義拋？
踰東家壁履無阻，竟在樓東家處女。
而獲嬌妻美絕倫，安能踰壁偏無拒！

二、曹交章

曹交問曰：「人皆可以為堯舜，有諸？」

孟子曰：「然。」「交聞文王十尺，湯九尺。今交九尺四寸以長，食粟而已，如何則可？」

曰：「奚有於是？亦為之而已矣。有人於此，力不能勝一匹雛，則為無力人矣。今日舉百鈞，則為有力人矣。然則舉烏獲之任，是亦為烏獲而已矣。

曹交問曰豈然乎，堯舜人人悉可模。
孟子云然交竊悉，文王有十尺身軀。
商湯六尺居高位，交有身商九尺四。
食粟而無何特長，欲成堯舜如何致？
聖賢高矮固無干。師舜而行並不難。
自認雛雞提不起，徒呼無奈則堪歎。
今云力百鈞能起，則係馳名之力士。
舉重能如烏獲般，斯為烏獲聞人矣。

夫人豈以不勝為患哉？弗為耳。

徐行後長者謂之弟，疾行先長者謂之不弟。夫徐行者，豈人所不能哉？所不為也。

堯舜之道，孝弟而已矣。子服堯之服，誦堯之言，行堯之行，是堯而已矣。

子服桀之服，誦桀之言，行桀之行，是桀而已矣。」

曰：「交得見於鄒君，可以假館，願留而受業於門。」

苟若做人常理申，為人豈患不勝人。
藏諸五內而煩惱，不做空愁是主因。

徐隨長者甘如薺，若是為人稱曰悌。
不悌為先長者奔，徐行不欲當違禮。

堯舜施行孝悌敦，著堯衣服誦堯言。
所為遵服堯之行，則乃為堯受敬尊。

子若衣同桀無別，加之誦桀之言譎。
行為復與桀雷同，則子當成為夏桀。

曰交謁鄒而議謂，借屋成為館舍居。
但願登門面受業，未知夫子意何如？

曰：「夫道，若大路然，豈難知哉？人病不求耳。子歸而求之，有餘師。」

三、小弁章

公孫丑問曰：「高子曰：『小弁，小人之詩也。』」孟子曰：「何以言之？」曰：「怨。」曰：「固哉，高叟之為詩也。有人於此，越人關弓而射之，則己談笑而道之。無他，疏之也。其兄關弓而射之，則己垂涕泣而道之。無他，戚之也。小弁之怨，親親也。親親，仁也。固矣夫，高叟之為詩也。」

道若康莊其路美，迴非如此之難解。
世人病在不追求。子盍歸求師甚夥。

公孫丑曰小弁詩，高子曾言渠所思，
乃係小人之詠也。孟軻問曰曷言尤。
答曰怨言詩句有。詩解固哉吾高叟！
譬如目覩越邦人，誓欲射人而滅口。
連忙笑勸箭回葫。何則因渠有戚疎；
但見覩兄將射箭，必於是發淚漣如。
究其原故為依怙。小雅小弁之怨父，
乃是親親心系仁，固哉高叟為詩詁。

曰：「凱風何以不怨？」曰：「凱風，親之過小者也；小弁，親之過大者也。親之過大而不怨，是愈疏也；親之過小而怨，是不可磯也。

愈疏，不孝也。不可磯，亦不孝也。孔子曰：『舜其至孝矣，五十而慕。』」

四、宋牼章

宋牼將之楚，孟子遇於石丘，曰：「先生將何之？」曰：「吾聞秦楚構兵。

凱風何故布悲啼？曰乃慈親過小兮。
但是小弁親過大，故兒反映亦非齊。
過大親疎因不悶，慈親過小如兒怨。
則如小水過溪磯，激怒自身而困頓。
疏親或若遇磯瞋，悉是無仁不孝人。
孔子之言稱舜孝，年交五十慕雙親。
宋牼將往楚貽謀。孟子途逢於石丘。
問道先生何處去？曰聞秦楚構戈矛。

我將見楚王，說而罷之。楚王不悅，
我將見秦王，說而罷之。二王我將有
所遇焉。」
曰：「軻也，請無問其詳，願聞其指。
說之將何如？」曰：「我將言其不利
也。」曰：「先生之志則大矣，
先生之號則不可。」「先生以利說秦
楚之王，秦楚之王悅於利，以罷三軍
之師，
是三軍之士樂罷而悅於利也。為人臣
者，懷利以事其君，為人子者，懷利
以事其父，為人弟者，懷利以事其兄。

楚王會納我申說，王對忠言如不悅。
則勸秦王罷戰爭，兩王必與吾相契。

孟云請不必詳提，意旨意為我願智。
曰我將言其不利。曰先生志則無疵。

先生之說烏乎智；對楚秦王皆說利，
秦楚之王悅利豐，三軍因利而閒置。

三軍樂罷利香薰，懷利人臣事奉君。
抱利為兒欣事父，弟因要利事兄勤。

是君臣、父子、兄弟　，終去仁義，懷利以相接，然而不亡者，未之有也。」

「先生以仁義說秦楚之王，秦楚之王悅於仁義，而罷三軍之師，是三軍之士，樂罷而悅於仁義也。

為人臣者，懷仁義以事其君。為人子者，懷仁義以事其父。為人弟者懷仁義以事其兄，是君臣、父子、兄弟去利懷仁義以相接也。

然而不王者，未之有也。何必曰利？」

君臣父子連兄弟，仁義皆拋必腦底。
懷利時相接觸頻，不亡國者無斯理。

改持仁義往荊秦，秦楚王欣服諍臣。
停止三軍非義戰，三軍樂罷悅於仁。

臣由仁義愉君貼。子以義仁邀父愜。
弟義兼仁事乃兄，皆懷仁義來相接。

然而不王禹神州，時至從來不用愁。
何必王前偏說利，無端因利結冤仇。

五、季任章

孟子居鄒，季任為任處守，以幣交，受之而不報。

處於平陸，儲子為相，以幣交，受之而不報。

他日，由鄒之任，見季子；由平陸之齊，不見儲子。

屋廬子喜曰：「連得閒矣！」問曰：「夫子之任，見季子；之齊，不見儲子，

孟子居鄒方養性，季任守國忙任政。
使人送幣結交情，孟子雖收無反敬。

孟子燕居平陸時，齊儲子相亦知之。
派人贈幣舉高誼，孟子全收不謝為。

他日由鄒之往闕，成為季子嘉賓客。
惟由平陸到齊都，未訪齊都儲子宅。

屋廬子喜遂言申：連得吾師隙可詢。
問曰之任看季子。不看儲子是何因？

為其為相與？」曰：「非也。書曰：『享多儀，儀不及物，曰不享，惟不役志于享。』為其不成享也。」屋廬子悅。或問之。屋廬子曰：「季子不得之鄒，儲子得之平陸。」

六、淳于髡章

淳于髡曰：「先名實者，為人也；後名實者，自為也。

師導己在齊都矣。是否渠為齊相鄙？
曰否書經洛誥云：物輕儀重為明理。
反之則係禮虛乎？缺乏誠心禮若無。
不往齊都渠相府，為渠禮敬不相符。
屋廬子悅而誠服，或問之云吾答覆，
季子難離不去鄒。儲子卻可之平陸。

淳于髡曰我言陳：重視名聲事業人，
是助世人多造福，輕看名業善其身。

夫子在三卿之中，名實未加於上下而去之，仁者固如是乎？」

孟子曰：「居下位，不以賢事不肖者，伯夷也；五就湯，五就桀者，伊尹也；不惡汙君，不辭小官者，柳下惠也。三子者不同道，其趨一也。一者何也？曰：仁也。

君子亦仁而已矣，何必同？」曰：「魯繆公之時，公儀子為政。

子柳、子思為臣，魯之削也滋甚。若是乎賢者之無益於國也！」

夫子三卿高位享，國君並未匡於上。去前亦未濟黎民，仁者爭能孚眾仰？

孟子因云下位臣：伯夷不事賢君。就湯就桀皆為五，伊尹忠良舉世聞。

柳惠官微安若素。汙君在上無憎物。三人道異為同趣，趨者為何仁是務。

君子亦仁貫始終，行為何必盡雷同？髡云魯繆公時代，國政公儀子執中。

子思子柳胥臣恪，魯地較前尤見削。為國賢臣縱使多，依然無力逃貧弱。

曰：「虞不用百里奚而亡，秦穆公用之而霸。不用賢則亡，削何可得與？」

曰：「昔者王豹處於淇，而河西善謳。緜駒處於高唐，而齊右善歌。華周、杞梁之妻，善哭其夫，而變國俗。有諸內，必形諸外。為其事而無其功者，髡未嘗覩之也。是故無賢者也。有，則髡必識之。」

曰：「孔子為魯司寇，不用，從而祭，

虞疏百里最終亡，秦穆用之稱霸強。
魯若無賢遭國滅，圖存土削亦無方。
王豹前居淇奧上，河西遍處謳歌亮。
緜駒居住於高唐，遂致齊西皆善唱。
攻莒杞梁終喪軀，華周失偶哭其夫。
因而改變齊風俗，有內形諸外不誣。
為其事美難酬願，髡固未嘗親覩面。
乃悟其賢今世無，如真有此髡當見。
曰前孔子魯邦臣，司寇為渠職務名。
未受魯君之重用，隨君祭祀禮將成。

燔肉不至，不稅冕而行。不知者，以為為肉也；其知者，以為為無禮也。乃孔子則欲以微罪行，不欲為苟去。君子之所為，眾人固不識也。」

七、五霸章

孟子曰：「五霸者，三王之罪人也。今之諸侯，五霸之罪人也。今之大夫，今之諸侯之罪人也。」

燔肉須分渠獨缺。未嘗脫冠而辭別。
一般認係肉忘分，或以為君忘禮節。
孔子原來意願為：必須君上罪輕微，
方能細故而辭去，君子行為重解非。

孟曰春秋五霸君，古三王後罪人焉。
今人禹域諸侯眾，五霸靈前有罪愆。
諸侯之大夫雖顯，又係諸侯之罪犯。
天子諸係地位殊，器名妄用宜防範。

「天子適諸侯曰巡狩，諸侯朝於天子曰述職。
春省耕而補不足，秋省斂而助不給。入其疆，土地辟，田野治。養老尊賢，俊傑在位，
則有慶，慶以地。入其疆，土地荒蕪，遺老失賢，掊克在位，則有讓。
一不朝，則貶其爵；再不朝，則削其地；三不朝，則六師移之。是故天子討而不伐，

天子適諸侯遠行，是為巡狩察民情。
諸侯五載朝天子，述職方為正確名。
春秋耕種補耕需，秋察收成添不給。
入境觀田野闢耕，尊賢養老良臣集。
遂賞加之以地區。見其境內地荒蕪，
失賢遺老奸當道，剝削人民則罰需。
一次不朝遭貶爵，兩回不覲封疆削。
不朝三次六師移，天子討之無伐惡。

諸侯伐而不討。五霸者，摟諸侯以伐諸侯者也，故曰：五霸者，三王之罪人也。」「五霸，桓公為盛。葵丘之會諸侯，束牲、載書而不歃血。初命曰：『誅不孝，無易樹子，無以妾為妻。』再命曰：『尊賢育才，以彰有德。』三命曰：『敬老慈幼，無忘賓旅。』四命曰：『士無世官，官事無攝，

只命諸侯往伐遒。諸侯不可討諸侯。
春秋五霸無王命，卻迫諸侯動戈矛。
如斯違背三王久，故係三王之罪首。
五霸齊桓為最強，蔡丘之會今何有？
束牲上載會盟書。取血屠牲悉免除。
誓約首條誅不孝，毋更太子作君儲。
須非立妾為妻美。再命云尊賢重士，
培育英才備未來，表揚道德高才子。
三條慈幼敬耆民，善待外賓同旅人。
四命云官無攝事，士無世襲子非臣。

取士必得，無專殺大夫。』五命曰：『無曲防，無遏糴，無有封而不告。』曰：『凡我同盟之人，既盟之後，言歸于好。』今之諸侯，皆犯此五禁，故曰：今之諸侯，五霸之罪人也。」「長君之惡其罪小，逢君之惡其罪大。今之大夫，皆逢君之惡，故曰：「今之大夫，今之諸侯之罪人也。」

大夫死罪歸王轄，天子批判方可殺。
世上真才賢德人，必須甄選加提拔。
五命提之建造工，須無曲折禍鄰農。
須無遏糴抒鄰餓。未稟九重不可封。
曰我同盟欣結矣，必須和好無相紿。
諸侯現胥背盟言，五霸觀之皆犯罪。
長君之惡自非該，故意逢君大罪魁。
今日大夫逢主惡，諸侯庸納罪人哉。

八、魯欲使慎子為將軍章

魯欲使慎子為將軍。孟子曰：「不教民而用之，謂之殃民。殃民者，不容於堯、舜之世。一戰勝齊，遂有南陽，然且不可。」慎子勃然不悅曰：「此則滑釐所不識也。」曰：「吾明告子。天子之地方千里，不千里，不足以待諸侯。諸侯之地方百里，不百里，不足以守宗廟之典籍。周公之封於魯，為方百里也。

魯求慎子立殊勳，疑命渠為魯將軍。孟曰貧民無訓練，驅之戰鬥禍民群。殃民堯舜時難允。即使攻齊能致勝，佔領南陽不撤兵，違情逆理無餘贖。慎子勃然詢目張！滑釐不解請言詳。曰吾告子言無隱。天子地方千里強。不然焉足諸侯使。地域諸侯封百里，方足存宗廟典章。周公百里封疆矣。

地非不足，而儉於百里。太公之封於齊也，亦為方百里也；地非不足也，而儉於百里。今魯方百里者五，子以為有王者作，則魯在所損乎？在所益乎？徒取諸彼以與此，然且仁者不為；況於殺人以求之乎？君子之事君也，務引其君以當道，志於仁而已。」

地非不足限須施。姜太公封乃在齊，
亦限河山方百里。魯金五百里東西。
子今試想賢王出，則魯當家增土地，
抑或河山減少乎？如增殺戮誠難避。
今無殺戮國增基，尚且仁人不肯為；
何況殺人求益地，仁人君子請三思。
仁人君子君王弼，務引其君行道直，
時刻存心合義仁，庶幾舉國蒙君德。

九、今之事君者章

孟子曰：「今之事君者皆曰：『我能為君辟土地，充府庫。』今之所謂良臣，古之所謂民賊也。君不鄉道，不志於仁，而求富之，是富桀也。『我能為君約與國，戰必克。』今之所謂良臣，古之所謂民賊也。君不鄉道，不志於仁，而求為之強戰，是輔桀也。

孟曰在君前自宣：吾能拓土並開邊，
能充府庫盈倉廩，率是古之民賊焉。
君無巷道之窮究，必志毫無仁義厚。
卻助斯君欲富強，無殊助桀求財富。
又云我善覓同盟，作戰攻城勝敵人。
所謂良臣今世顯，古之民賊害彝倫。
君無向道之良恪，其志視仁如甕粕。
臣也為君策戰爭，無殊輔桀而為虐。

由今之道，無變今之俗，雖與之天下，
不能一朝居也。」

十、白圭二十取一章

白圭曰：「吾欲二十而取一，何如？」
孟子曰：「子之道，貉道也。
萬室之國，一人陶，則可乎？」曰：
「不可，器不足用也。」
曰：「夫貉，五穀不生，惟黍生之。
無城郭、宮室、宗廟、祭祀之禮，無
諸侯幣帛饔飧，

今之做法既無情，風俗人心不變更。
縱使九州全付與，亦無一日住安平。

白圭問曰似精明，稅負廿分之一征？
孟子回言斯稅法，北方貉國所施行。
國家萬戶民為譬，僅有一人燒瓦器。
是否猶能足配分？答云太少難皆畀。
曰夫貉地穀無蓄，賴黍生之以活存。
缺乏城宮宗廟祭，無諸侯幣帛饔飧。

無百官有司，故二十取一而足也。今居中國，去人倫，無君子，如之何其可也？陶以寡，且不可以為國，況無君子乎？欲輕之於堯舜之道者，大貉小貉也；欲重之於堯舜之道者，大桀小桀也。」

更無百吏干官仕。每廿僅須征一耳。
今在中原棄五倫，無官缺吏難言美。
燒窟者寡器難敷，何況無人辦事乎？
堯舜什一而征稅，曾經歷史樹良模。
欲輕堯舜征輸薄，大貉雷同於小貉。
稅賦超乎堯舜君，小同大桀依然惡。

十一、丹之治水章

白圭曰：「丹之治水也，愈於禹。」
孟子曰：「子過矣。禹之治水，水之道也。

白圭治水自誇長：勝過當年下禹王。
孟子明言生禍矣，禹之治水順其方。

是故禹以四海為壑，今吾子以鄰國為壑。水逆行，謂之洚水。洚水者，洪水也。仁人之所惡也。吾子過矣。」

禹之海壑真寬博。吾子今夷鄰作壑。
水逆形成洚水焉。仁人所惡先生錯。

十二、君子不亮章

孟子曰：「君子不亮，惡乎執？」

孟子箴言君子者，假如誠信時常寡，
笑然遇要事臨頭，操守偏頗難握把。

十三、魯欲使樂正子為政章

魯欲使樂正子為政。孟子曰：「吾聞之，喜而不寐。」公孫丑曰：

樂生正子行端正，傳魯將由渠秉政。
孟子言渠喜不眠。公孫丑諫而持諍：

「樂正子強乎？」曰：「否。」「有知慮乎？」曰：「否。」「多聞識乎？」曰：「否。」「然則奚為喜而不寐？」曰：「其為人也好善。」「好善足乎？」曰：「好善優於天下，而況魯國乎？夫苟好善，則四海之內，皆將輕千里而來，告之以善。夫苟不好善，則人將曰：『訑訑，予既已知之矣。』訑訑之聲音顏色，距人於千里之外。士止於千里之外，則讒諂面諛之人至矣。與讒諂面諛之人居。國欲治，可得乎？」

正子才能豈領先？曰無智慮達峯顛？
曰無閱歷深多否？曰否師何喜不眠？
正子為人誠好善。單憑好善何能選？
曰挑善者理神州，何況魯邦尤足展。
且渠好善世人知，善者將輕千里來。
以善告知圖益善。反之不好善傳開。
知渠自負言皆會，逆耳忠言遭盪汰。
曰已知之勿復言。拒賢千里途程外。
既然賢德已全無，媚諂羣來塞路途。
日與讒諛來往切，欲治國盛可能乎？

十四、陳子章

陳子曰：「古之君子，何如則仕？」
孟子曰：「所就三，所去三。」
「迎之致敬以有禮，言將行其言也，則就之；禮貌未衰，言弗行也，則去之。
其次，雖未行其言也。迎之致敬以有禮，則就之；禮貌衰，則去之。
其下，朝不食，夕不食，飢餓不能出門戶。君聞之曰：『吾大者不能行其道，又不能從其言也，

陳臻問曰言官吏，古代如何知進退？
孟子回言三就之，三當去職無追悔。
迎之正敬禮須依，迎之致敬循禮。
則仍可以任為官，禮退當然辭殿陛。
其次雖言如敝屣，迎之致敬猶循禮，
則仍可以任為官，禮退當然辭殿陛。
更下朝饑晚缺飧。忍餓不克出家門。
君聞之曰吾之恥，未納斯人率直言。

使飢餓於我土地，吾恥之。』周之，亦可受也。免死而已矣。」

十五、舜發於畎畝章

孟子曰：「舜發於畎畝之中，傅說舉於版築之間，膠鬲舉於魚鹽之中，管夷吾舉於士，孫叔敖舉於海，百里奚舉於市。故天將降大任於是人也，必先苦其心志，勞其筋骨，餓其體膚，空乏其身，行拂亂其所為，所以動心忍性，曾益其所不能。

致使羅飢於我國。因之濟饋充饑食。只緣必要免身亡，可以受之猶守則。

孟云帝舜發於田。傳說挑於版築前。膠鬲魚鹽商內選。罪囚管仲獲陞遷。孫相叔敖擎自海。秦升百里奚於市。故天將降大任前，必自苦其心志始。須筋骨累體膚飢，困乏其身行事虧，所以動心堅忍性，以資增益不能為。

人恆過，然後能改；困於心，衡於慮，而後作；徵於色，發於聲，而後喻。入則無法家拂士，出則無敵國外患者，國恆亡。然後知生於憂患而死於安樂也。」

過失經常會發生，明知然後能糾正。
心先困慮不能通，而後革新光彩競。
觀察人家呈臉色，靜聽對手發音聲。
才知自己須清醒，然後方能變不驚。
國家命運如斯律：入缺世臣賢士弼，
出乏他邦外患侵，如斯國度亡無日。
然後吾儕能確知：存從憂患奮興來。
死亡原自躭安樂，忽視危機甚可哀。

十八、教亦多術章

孟子曰：「教亦多術矣，予不屑之教誨也者，是亦教誨之而已矣。」

孟曰悔人須恰當，非單僅限一良方。
有時不屑施吾誨，乃悔教渠使自強。

盡心上篇

一、盡其心章

孟子曰：「盡其心者，知其性也。知其性，則知天矣。存其心，養其性，所以事天也。殀壽不貳，脩身以俟之，所以立命也。」

孟軻讚美盡心子，實踐心之求善矣。既熟知渠性善良，即能洞曉天之理。存心養性善良堅，即是衷心事奉天。壽命無分長或短，修身以俟慮無焉。

二、莫非命也章

孟子曰：「莫非命也，順受其正。是故知命者，不立乎巖牆之下。

孟軻曰運皆由命。順運而行為守正。是故凡知命運人，巖牆下避如離穽。

盡其道而死者，正命也。桎梏死者，非正命也。」

三、求得章

孟子曰：「求則得之，舍則失之，是求有益於得也，求在我者也。求之有道，得之有命，是求無益於得也，求在外者也。」

四、萬物皆備我章

孟子曰：「萬物皆備於我矣。反身而誠，樂莫大焉。強恕而行，求仁莫近焉。」

盡其正道死亡循，乃是知幾正命人。
桎梏囚亡因犯罪，決非正命殞其身。

孟子嘉言仁義智，捨之則失求隨至。
求能助得是何因？可答所求身本備。
功名利祿道牽連；但得之須有命焉。
求縱得之無助益，因其外物若雲煙。

萬物吾身其備有。反躬自省精誠否。
陶然樂且恕推行，逼近於仁如覆手。

五、型之而不著章

孟子曰：「行之而不著焉，習矣而不察焉，終身由之而不知其道者，眾也。」

六、不可以無恥章

孟子曰：「人不可以無恥。無恥之恥，無恥矣。」

七、恥之於大人矣章

孟子曰：「恥之於人大矣！為機變之巧者，無所用恥焉。不恥不若人，何若之有？」

孟軻歎曰守前科，卻不求知理若何。
習慣久之而不察，終身不改一何多。

苟若人心無愧恥，當然不獲人群喜。
能知無恥是丟人，不會依然無恥矣。

孟軻曰恥真需要，取巧投機雖絕妙。
至竟終身不若人，自身形影淒涼弔。

八、古之賢王章

孟子曰：「古之賢王，好善而忘勢。古之賢士何獨不然？樂其道而忘人之勢。故王公不致敬盡禮，則不得亟見之。見且由不得亟，而況得而臣之乎？」

孟軻讚古賢王帝，好善而忘高勢位。
歷代賢良之士人，何嘗不是如斯類。
若樂其道禮賢賓。忘勢而謙恭士人。
如此猶難能亟見，況思延致使為臣！

九、宋句踐章

孟子謂宋句踐曰：「子好遊乎？吾語子遊。人知之亦囂囂，人不知亦囂囂。」

宋生句踐受言殊：子好周遊列國乎？
吾語子遊憑道理，人知與否悉安愉。

曰：「何如斯可以囂囂矣？」曰：「尊德樂義，則可以囂囂矣。故士窮不失義，達不離道。

如何可以安愉履？曰樂義高尊德矣。
故士寧窮義不丟，達而正道無離耳。

窮不失義，故士得己焉。達不離道，故民不失望焉。

士窮而義必留堅，可保渠之身分全。
達不離開其正道，則民不會失望焉。

古之人，得志，澤加於民；不得志，脩身見於世。窮則獨善其身，達則兼善天下。」

古人得志膏民也，失志修身而顯雅。
窮則修身善自身，達能兼善平天下。

十、待文王章

孟子曰：「待文王而後興者，凡民也。若夫豪傑之士，雖無文王猶興。」

孟軻歎曰待文王，而後興隆俗亦昌。
至若純真豪傑士，文王未出也能強。

十一、附之以韓魏章

孟子曰：「附之以韓魏之家，如其自視欲然，則過人遠矣。」

附之富貴若韓梁，自視淡輕無自彰；
則必胸懷高見識，遠非眾庶可衡量。

十二、以佚道使民章

孟子曰：「以佚道使民，雖勞不怨；以生道殺民，雖死不怨殺者。」

徵民佚道全無困，百姓能勞而不怨。
保護良民誅暴民，暴民雖死而無恨。

十三、霸者之民章

孟子曰：「霸者之民，驩虞如也；王者之民，皞皞如也。

孟云霸者之黎庶，受小恩慈歡樂露。
王者之民蒙大恩，心情舒暢悠然度。

殺之而不怨，利之而不庸，民日遷善而不知為之者。

夫君子所過者化，所存者神，上下與天地同流，豈曰小補之哉？」

被殺罪民無怨恫。利之不感激由衷。日遷善者無由曉，究竟誰參造化功。

聖人過處民承誨，若有神靈存五內。上下隨天地並流，桓文小惠安能逮！

十四、仁言不如仁聲章

孟子曰：「仁言，不如仁聲之入人深也。善政，不如善教之得民也。善政，民畏之；善教，民愛之；善政得民財，善教得民心。」

孟曰仁言固甚歆，仁聲尤更入人深。優良政治難知善，善教邀民五內欽。

善政令人生懼態。優良教育人人愛。廉能政治獲民財，善教得民心感佩。

十五、人之所不學而能章

孟子曰：「人之所不學而能者，其良能也；所不慮而知者，其良知也。孩提之童，無不知愛其親者；及其長也，無不知敬其兄也。親親，仁也；敬長，義也。無他，達之天下也。」

孟曰雖為未學民，生來即會係良能。
不須思慮而知道，則是良知有準繩。
孩提尚未教之際，愛親勝於餘一切。
長大成人自立時，敬兄表現源於悌。
親親確是顯仁堅，恭敬其兄乃義宣。
二者證明人本性，達之天下善良焉。

十六、舜居深山章

孟子曰：「舜之居深山之中，與木石居，與鹿豕遊，其所以異於深山之野人者，幾希。及其聞一善言，見一善行，若決江河，沛然莫之能禦也。」

十七、無為其所不為章

孟子曰：「無為其所不為，無欲其所不欲，如此而已矣。」

孟云昔舜住山陬，與木石居鹿豕遊。生活單純而簡樸，與鄉野客幾同儔。親瞻善行雖單舉，聞一動人嘉善語。則若江河水決堤，沛然而莫之能禦。

孟子嘉言當遠避，良心不願為之事。良心不願有私求，乃係為人之上智。

十八、德慧術知章

孟子曰：「人之有德慧術知者，恆存乎疢疾。獨孤臣孽子，其操心也危，其慮患也深，故達。」

孟子評人德慧基，並其術智養成時，
常當萬患千憂際。孽子孤臣必若斯。
心因悽惶且慎豁，常存憂慮求存活。
對於事理盡明通，機會來時能顯達。

十九、有事君人者章

孟子曰：「有事君人者，事是君，則為容悅者也。有安社稷臣者，以安社稷為悅者也。

孟云常有媚君群，安媚逢迎以悅君。
有社稷臣求善政，非安社稷不歡欣。

有天民者，達可行於天下，而後行之者也。有大人者，正己而物正者也。」

二十、君子三樂章

孟子曰：「君子有三樂，而王天下不與存焉。父母俱存，兄弟無故，一樂也。仰不愧於天，俯不怍於人，二樂也。得天下英才而教育之，三樂也。君子有三樂，而王天下不與存焉。」

有天民者前提淨。理想能行方任政。
有大人郎正己身，元元萬物皆能正。

孟曰君人有樂三。王全天下不包含。
雙親年邁咸身健，兄弟和衷一樂甘。
望天舉首全無錯。俯不欠人為二樂。
三樂英才天下來，王全天下非能穫。

二十一、廣土衆民章

孟子曰：「廣土眾民，君子欲之，所樂不存焉。中天下而立，定四海之民；君子樂之，所性不存焉。君子所性，雖大行不加焉，雖窮居不損焉，分定故也。君子所性，仁義禮智根於心；其生色也，睟然見於面，盎於背，施於四體，四體不言而喻。」

雖然廣土眾民尊，君子圖之非樂源。
位九州中安四海，君雖甚樂性無存。
因人稟性從天遠，分量不能增或損。
天下君臨無助益，窮居陋巷仍平穩。
義仁禮智是身肢，潤澤清和見面姿。
溢現充盈胸背上，施於四體自然知。

二十二、伯夷辟紂章

孟子曰：「伯夷辟紂，居北海之濱，聞文王作，興曰：『盍歸乎來！吾聞西伯善養老者。』

太公辟紂，居東海之濱，聞文王作，興曰：『盍歸乎來！吾聞西伯善養老者。』天下有善養老，則仁人以為己歸矣。

五畝之宅，樹牆下以桑，匹婦蠶之，則老者足以衣帛矣。五母雞，二母彘，無失其時，老者足以無失肉矣。

伯夷辟紂遠離殷，北海濱居曰我聞，西伯行仁憂遇老，吾何不往事仁君。

太公避紂東溟側，亦曰文王行善則，優待老人當往依。仁人固願依仁德。

宅桑五畝日耘耰，匹婦蠶之老著綢。二彘五雞時勿失，老人食肉不旁求。

百畝之田，匹夫耕之，八口之家足以無飢矣。所謂西伯善養老者，制其田里，教之樹畜。

導其妻子，使養其老。五十非帛不煖，七十非肉不飽。不煖不飽，謂之凍餒。文王之民，無凍餒之老者，此之謂也。」

農田百畝耕夫倚，八口之家無飢矣。
西伯長於養老人，教人樹畜於田里。

導其妻子老須珍。五十非綢不煖身。
七秩無飢須食肉，文王無凍餒之民。

二十三、易其田疇章

孟子曰：「易其田疇，薄其稅斂，民可使富也。食之以時，用之以禮，財不可勝用也。

為官事事替民謀。重整田疇薄稅收。
食按時兮支合禮，則財使用不須愁。

民非水火不生活，昏暮叩人之門戶，求水火無弗與者，至足矣。聖人治天下，使有菽粟如水火。菽粟如水火，而民焉有不仁者乎？」

二十四、孔子登東山章

孟子曰：「孔子登東山而小魯，登太山而小天下。故觀於海者難為水，遊於聖人之門者難為言。觀水有術，必觀其瀾。日月有明，容光必照焉。流水之為物也，不盈科不行；君子之志於道也，不成章不達。」

民須水火生涯久。昏暮叩人之戶牖，
求解臨時水火需，無人拒絕因多有。
聖人治理九州精，必使家家菽粟盈。
恍若豐多之水火，人民焉有不仁獰！

孟云孔子前曾表：陟彼東山而魯小，
登泰山時小九州，海觀陸水皆嫌少。
聖門遊後議談難。觀水須觀水激瀾。
日月有時光普照，雖微縫隙照無攔。
水盈科後前流闊。君子志於登道闥。
大步朝前循序衝，在成章後能通達。

二十五、雞鳴而起章

孟子曰：「雞鳴而起，孳孳為善者，舜之徒也。雞鳴而起，孳孳為利者，蹠之徒也。欲知舜與蹠之分，無他，利與善之閒也。」

孟曰雞鳴即起軀，孜孜行善舜之徒。
雞鳴即起圖謀利，與蹠門徒固不殊。

二十六、楊子取為我章

孟子曰：「楊子取為我，拔一毛而利天下，不為也。墨子兼愛，摩頂放踵，利天下，為之。子莫執中，執中為近之，

孟曰楊朱為我堅，為天下利一毛捐，
斷然不肯渠身拔。墨翟主張兼愛憐。
頭摩頂禿跟磨破，有利神州欣喜作。
子莫持中近道焉，持中即執中難播。

執中無權，猶執一也。所惡執一者，為其賊道也，舉一而廢百也。」

二十七、飢者甘食章

孟子曰：「飢者甘食，渴者甘飲，是未得飲食之正也，飢渴害之也。豈惟口腹有飢渴之害？人心亦皆有害。人能無以飢渴之害為心害，則不及人不為憂矣。」

無變持中固缺權，只知頑固守偏攤。
使仁義道蒙傷害，舉一端兮費百端。

孟曰饑人嚐食旨，口乾飲料咸甘美。
由於饑渴害之深，正味因而無享矣。
豈唯口腹味真臨，會受饑兼渴害侵，
心志有時環境困，良知因此會湮沉。
人須培養其心志，口腹享差無怨恚。
富貴雖然不及人，依然可把憂愁避。

二十八、柳下惠章

孟子曰：「柳下惠不以三公易其介。」

孟云雖獲三公拜，柳下惠兮堅耿介。

二十九、有為者章

孟子曰：「有為者，辟若掘井，掘井九軔而不及泉，猶為棄井也。」

孟云若作有為翁，譬若艱辛掘井功。九軔而泉猶不見，尚為棄井不停工。

三十、堯舜性之章

孟子曰：「堯舜，性之也；湯武，身之也；五霸，假之也。

孟云若判義仁堅，堯舜乃由天性然。湯武修身而體驗。春秋五霸假之焉。

久假而不歸，惡知其非有也。」

三十一、伊尹章

公孫丑曰：「伊尹曰：『予不狎于不順。』放太甲于桐，

民大悅。太甲賢。又反之，民大悅。

賢者之為人臣也，其君不賢，則固可放與？」

孟子曰：「有伊尹之志，則可；無伊尹之志，則篡也。」

未歸弄假為時久，人怎知其非確有！

工孫丑曰昔商隆，伊尹宣稱不順童，

我已不能長輔佐。因之放太甲於桐。

太甲現賢民悅後，遂迎復返為元首。

民皆喜悅做人臣，君不賢時能放否？

孟云伊尹志堪師，公正無私乃可為。

倘使全無伊尹志，則為篡位受嘲嗤。

三十二、不素餐章

公孫丑曰：「詩曰『不素餐兮！』君子之不耕而食，何也？」

孟子曰：「君子居是國也，其君用之，則安富尊榮。其子弟從之，則孝弟忠信。『不素餐兮！』，孰大於是？」

公孫丑問讀詩中：不素餐兮見魏風。
君子不耕而食祿，不知究竟有何功？
君子居於是國真，其君重用富榮臻。
隨從子弟仁忠信，不素餐兮孰比倫。

三十三、王子墊章

王子墊問曰：「士何事？」孟子曰：「尚志。」曰：「何謂尚志？」

齊王子墊詢師傅：士所專司何事務？
孟子回言尚志焉。又詢尚志余難悟。

曰：「仁義而已矣。殺一無罪，非仁也。非其有而取之，非義也。居惡在？仁是也。

答云仁義必須循。殺一無辜不是仁。
強取人財非義也。居何處所是仁具。

路惡在？義是也。居仁由義，大人之事備矣。」

路惟在義而無替。居住惟仁行必義。
士所專司已備全，大人之事如斯類。

三十四、仲子章

孟子曰：「仲子，不義與之齊國而弗受，人皆信之，

孟軻云人信無疑。假若將齊國贈之。
而卻乖違情與義，則陳仲子必推辭。

是舍簞食豆羹之義也。人莫大焉亡親戚、君臣、上下。以其小者，信其大者，奚可哉？」

是舍簞食壺漿瑣，斷絕人倫才欠妥。
親戚君臣上下亡，由微信大烏乎可！

三十五、桃應章

桃應問曰：「舜為天子，皋陶為士，瞽瞍殺人，則如之何？」孟子曰：「執之而已矣！」

「然則舜不禁與？」曰：「夫舜，惡得而禁之？夫有所受之也。」

「然則舜如之何？」

曰：「舜視棄天下，猶棄敝蹝也。竊負而逃，遵海濱而處，終身訢然，樂而忘天下。」

桃應問道舜為皇，掌獄皋陶任法堂。
瞽瞍殺人焉處理？當機逮捕萬民揚。
然而舜阻止宜矣。曰舜安能予阻止！
逮捕施行有據焉。當時舜會如何理？
舜棄江山若蹝亡。乘機竊負父逃藏，
海濱到達而居住，自樂終身天下忘。

三十六、自范之齊章

孟子自范之齊，望見齊王之子。喟然歎曰：「居移氣，養移體，大哉居乎！夫非盡人之子與？」（孟子曰：）王子宮室、車馬、衣服，多與人同，而王子若彼者，其居使之然也；況居天下之廣居者乎？魯君之宋，呼於垤澤之門。守者曰：『此非吾君也。何其聲之似我君也？』

孟軻自范之齊地，望見齊王之子在。歎曰居高神氣移。優良奉養提身態。環境於人影響豐。皆人子也有窮通。寢宮車馬和衣服，王子多跟百姓同。而齊王子容優雅，境遇使之如是也。何況斯人之所居，乃為天下之崇廈。魯君聘宋到城垣，親自呼於垤澤門。守者欣云聲甚稔。非吾君面似其言。

此無他，居相似也。」

如詢可答無他想。環境類同聲乃像。

三十七、食而弗愛章

孟子曰：「食而弗愛，豕交之也。愛而不敬，獸畜之也。恭敬者，幣之未將者也。恭敬而無實，君子不可虛拘。」

孟子評君待士溫，供餐乏愛若交豚。
愛而不敬如朋獸。恭敬先於幣禮存。
外表裝成恭敬備，卻無尊敬之心意，
則真君子勿因貧，收禮而為塵物累。

三十八、形色天性章

孟子曰：「形色，天性也。惟聖人，然後可以踐形。」

孟曰人形色面姿，天生外在體容儀，
須依內美來充實，只有聖人實踐之。

三十九、齊宣王欲短喪章

齊宣王欲短喪。公孫丑曰：「為朞之喪，猶愈於已乎？」

孟子曰：「是猶或紾其兄之臂，子謂之姑徐徐云爾，亦教之孝弟而已矣。」

王子有其母死者，其傅為之請數月之喪。公孫丑曰：「若此者，何如也？」曰：「是欲終之而不可得也。雖加一日愈於已，謂夫莫之禁而弗為者也。」

齊宣欲禦至親喪，認孝三年守太長。
因此有公孫丑問：期年尚比不穿強？
孟云或紾其兄臂，子勸渠徐安是智？
只要教渠孝悌恭，自然不怍欺兄事。
王子逢生母死悲，傅為數月請喪期。
公孫丑問緣何理？曰欲三年不得之。
父親嫡母猶安謐。我意願多加一日。
前責無人阻短喪，而渠守孝全無實。

四十、君子之所以教者章

孟子曰：「君子之所以教者五：有如時雨化之者，有成德者，有達財者，有答問者，有私淑艾者。此五者，君子之所以教也。」

孟云君子務薰陶，計共經常路五條，
有如時霖膏菜者，二為導引德超高。
三為通達其才雅。四係解疑除惑者。
有慕古賢私淑之。五塗君子欣教也。

四十一、道則高矣章

公孫丑曰：「道則高矣，美矣，宜若登天然，似不可及也。何不使彼為可幾及，

公孫丑曰道高玄，美矣幾乎在九天。
欲達目標難企及，緣何不畧降其顛？

而曰孳孳也？」孟子曰：「大匠不為拙工改廢繩墨，羿不為拙射，變其彀率。君子引而不發，躍如也。中道而立，能者從之。」

俾人引領能攀得，遂使人人皆努力？
孟子回言大匠工，不因徒拙除繩墨。
羿見門生不合符，未更彀率悅其徒。
教人射術先弓引，箭躍如兮未出弧。
君子教人中道立，非難確也非容易。
凡能學者可從之，自勉無停當受益。

四十二、天下有道章

孟子曰：「天下有道，以道殉身；天下無道，以身殉道。未聞以道殉乎人者也。」

孟曰九州中道雅，道隨身體行天下。
九州黑暗道無存，不惜此身為道捨。
遷就卑人枉道云，迄今我尚未聞之。

四十三、公都子曰滕更章

公都子曰：「滕更之在門也，若在所禮而不答，何也？」

孟子曰：「挾貴而問，挾賢而問，挾長而問，挾有勳勞而問，挾故而問，皆所不答也。滕更有二焉。」

公都子問有滕更，夫子門祥內學生。
彷佛交言皆合禮，其詢不答是何情？
答云挾貴而詢路，挾長挾賢與挾故，
挾有勳人不答焉。藤更有二疵流露。

四十四、於不可已章

孟子曰：「於不可已而已者，無所不已。於所厚者薄，無所不薄也。

孟曰大夫不可終，而偏終止事成空。
於當厚者而偏薄，則事皆無不困窮。

其進銳者，其退速。」

事凡進銳刓竹，退也若雷何急速。

四十五、君子之於物章

孟子曰：「君子之於物也，愛之而弗仁；於民也，仁之而弗親。親親而仁民，仁民而愛物。」

君子對於物萬珍，只應愛護不施人。
對於百姓須仁愛，慎勿親之越五倫。
先親最近之親眷，推及待民仁厚善。
更自深仁待人民，進而愛物無成見。

四十六、知者無不知章

孟子曰：「知者無不知也，當務之為急；仁者無不愛也，急親賢之為務。

智高凡事悉明瞻，急務當先欲曉全。
仁者心仁無不愛，對賢德者最優先。

堯舜之知而不徧物，急先務也。堯舜之仁不徧愛人，急親賢也。不能三年之喪，而緦小功之察。放飯流歠，而問無齒決，是之謂不知務。」

堯舜之知非萬折，先治急務無中止。
不能盡愛世間人，最急先親賢德子。
有人不守孝三冬，卻察粗麻布小功。
與細麻緦三月服，猶如虎嚥沫飛沖。
自身放肆全無度，卻問芝麻纖事故：
乾肉安能牙決之！如斯可謂不知務。

盡心下篇

一、不仁章

孟子曰：「不仁哉，梁惠王也！仁者以其所愛，及其所不愛。不仁者，以其所不愛及其所愛。」公孫丑曰：「何謂也？」「梁惠王以土地之故，糜爛其民而戰之，大敗；將復之，恐不能勝，故驅其所愛子弟以殉之。

孟云禍國又殃民，梁惠王兮確不仁。
仁者由渠之最愛，推而漸及愛疏人。
不仁則行言相背，反倒從渠之不愛，
推及渠之所愛人。公孫丑曰希詳誨。
曰惠王思拓土疆，徵民戰敗不惻惶，
擔心再戰殊難勝，弟子驅征悉陣亡。

是之謂以其所不愛，及其所愛也。」

二、春秋無義戰章

孟子曰：「春秋無義戰。彼善於此，則有之矣。征者，上伐下也。敵國不相征也。」

三、盡信書則不如無書章

孟子曰：「盡信書，則不如無書。吾於武城，取二三策而已矣。

故曰從渠無愛者，推於渠愛之人也。

孟曰春秋之所記，諸侯開戰均無義。
彼方善過此方時，只有少回之善役。
原來征字係專詞。上伐下時宜用之。
敵對諸侯平等矣，相征表示亂行為。

孟云如盡信書言，不若無之反入渾。
我對武成篇上字，只挑竹簡兩三根。

仁人無敵於天下。以至仁伐至不仁，而何其血之流杵也？」

四、有人曰我善為陳章

孟子曰：「有人曰：『我善為陳，我善為戰。』大罪也。國君好仁，天下無敵焉。南面而征北狄怨，東面而征西夷怨。曰：『奚為後我？』武王之伐殷也，革車三百兩，虎賁三千人。

仁人天下無人阻。以至仁之周武旅，伐紂王之至不仁，何須欲血流漂杵！

孟云現竟有人云：我會排雲陣若神。余善揮民兵作戰。倡斯語者罪身人。國若意欲渠無敵，勢必好仁方中的。南面而征北狄誹；東邊而戰西夷蹙。咸曰為何後我馳！民求解救悉嫌遲。武王伐紂車三百，勇士三千以配之。

王曰：『無畏！寧爾也，非敵百姓也。』若崩厥角稽首。

征之為言正也，各欲正己也，焉用戰？」

王曰休驚寧爾也。吾非敵眾人民者。
黎群聞此甚開心，稽首如崩城達野。

征為正字意原音。百姓為離暴政深，
悉願仁君來正國，庶幾征戰免來臨。

五、梓匠輪輿章

孟子曰：「梓匠輪輿，能與人規矩，不能使人巧。」

學徒習藝皆明瞭，梓匠輪輿供食飽。
矩尺圓規法度傳，不能使拙工靈巧。

六、舜之飯糗茹草章

孟子曰：「舜之飯糗茹草也，若將終身焉。及其為天子也，

孟云大舜耕於鄙，僅食乾糧蔬菜耳。
彷彿終身若此焉。誰之日後為天子。

被袗衣，鼓琴，二女果，若固有之。」

七、吾今而後章

孟子曰：「吾今而後，知殺人親之重也。殺人之父，人亦殺其父。殺人之兄，人亦殺其兄。然則非自殺之也，一間耳。」

八、古之為關章

孟子曰：「古之為關也，將以禦暴。今之為關也，將以為暴。」

身穿彩服畫丹青。手鼓絃琴唱復停。
二女皇英傳侍奉，恍如固有此情形。

孟云嗣後我之堅。殺別人親事重焉。
殺死人家之父後，嚴親被殺乃當然。
殺人兄長當同理。人亦將其兄殺死。
雖非渠殺父兄，換人殺父兄而已。

孟云古代為關妙，防止強梁能禦盜。
今日為關意義偏，徵收捐稅翻成暴。

九、身不行道章

孟子曰：「身不行道，不行於妻子。使人不以道，不能行於妻子。」

孟云身與道分離，道不行於自己妻。
差使旁人違正道，差妻作事不能兮。

十、周于利章

孟子曰：「周于利者，凶年不能殺。周于德者，邪世不能亂。」

孟云平素能盤算，凶歲應無饑饉難。
同理周於道德人，其心邪世當無亂。

十一、好名之人章

孟子曰：「好名之人，能讓千乘之國。苟非其人，簞食豆羹見於色。」

孟云人好名之極，能讓他人千乘國；
但若非真愛美名，豆羹簞食形於色。

十二、不信仁賢章

孟子曰：「不信仁賢，則國空虛。無禮義，則上下亂。無政事，則財用不足。」

孟云若對仁賢謾，則國空虛宮腐爛。
缺乏尊卑禮節時，必無上下而凌亂。
如無善政導人民，生產勤勞未創新。
則患財源真缺乏，支多收少國家貧。

十三、不仁而得國章

孟子曰：「不仁而得國者，有之矣。不仁而得天下，未之有也。」

得國無仁豈可求？有憑智術變諸侯；
但無仁德吞天下，自古圖謀未得售。

十四、民為貴章

孟子曰：「民為貴，社稷次之，君為輕。是故，得乎丘民而為天子，得乎天子為諸侯，得乎諸侯為大夫。諸侯危社稷，則變置。犧牲既成，粢盛既潔，祭祀以時，然而旱乾水溢，則變置社稷。」

民為邦本貴分明。社稷次之，君主輕。
獲得萬民之擁戴，即為天子有光榮。
由天子賜諸侯位，獲得諸侯之重視。
則可搖身作大夫，對於社稷諸侯祀。
諸侯危社稷之時，另立賢能以代之。
供祭犧牲肥復大，粢盛器潔淨無疵。
又能祭祀時無失，如此猶乾枯水溢。
表示需更社稷壇，因而舊社需終畢。

十五、聖人百世之師章

孟子曰：「聖人，百世之師也。伯夷、柳下惠是也。故聞伯夷之風者，頑夫廉，懦夫有立志；聞柳下惠之風者，薄夫敦，鄙夫寬。奮乎百世之上。百世之下，聞者莫不興起也。非聖人而能若是乎？而況於親炙之者乎？」

誰膺百世之師謚？若伯夷同柳下惠。
悉屬聖人之典型，流風永駐人間世。
故聞柳下惠風團，薄者超敦鄙者寬。
聞伯夷風深感動，頑夫廉潔懦圖？。
二人百世風高雅，百也下聞興起也。
非聖而能若是乎？況親接受薰陶者。

十六、仁也者章

孟子曰：「仁也者，人也。合而言之，道也。」

仁自如經詳細考，與人本是同辭藻。
仁同人字何而言，即是通常之謂道。

十七、孔子之去魯章

孟子曰：「孔子之去魯，曰：『遲遲吾行也。』去父母國之道也。去齊，接淅而行，去他國之道也。」

仲尼離魯具何姿？曰我須行儘量遲。
此係離開渠母國，依依不捨乃如斯。
離開齊國心如擣，米飯之炊猶未好。
米足淘時撈起行。異邦離迅斯為道。

十八、君子之戹章

孟子曰：「君子之戹於陳蔡之閒，無上下之交也。」

孟曰前尼父遇艱，與徒困在蔡陳間。緣於對蔡陳君吏，悉未前交互往還。

十九、貉稽章

貉稽曰：「稽大不理於口。」孟子曰：「無傷也。士憎茲多口。詩云：『憂心悄悄，慍于群小。』孔子也。『肆不殄厥慍，亦不隕厥問。』文王也。」

貉稽悲云遭口戕。孟軻解答固無妨。士遭眾口難防謗，本是尋常勿惋傷。

詩云悄悄憂心起，瘦小人憎尼父是。雖不能將眾慢除，無傷已譽文王矣。

二十、賢者以其昭昭章

孟子曰：「賢者以其昭昭，使人昭昭；今以其昏昏，使人昭昭。」

孟軻慨歎昔賢英，以己昭明教眾生。
今也其人原黯昧，叫人卻指望昭明。

二十一、山徑章

孟子謂高子曰：「山徑之蹊閒，介然用之而成路。為閒不用，則茅塞之矣。今茅塞子之心矣。」

孟子為高子治陶：獸蹄蹊徑在山腰，
只須賡續人行踏，即擴而成路一條。
惟經數日無人旅，生出茅叢來塞堵。
子有靈心不用之，無殊茅草填靈府。

二十二、禹之聲章

高子曰：「禹之聲，尚文王之聲。」孟子曰：「何以言之？」曰：「以追蠡。」曰：「是奚足哉！城門之軌，兩馬之力與？」

高子評云聲悅耳。禹王樂比文王美。孟軻問曰意云何？曰禹之鐘將斷矣。似蟲齧狀用繁頻。曰此安能作證明！好比城門深軌跡，豈由雙馬力能成？

二十三、齊饑馮婦章

齊饑。陳臻曰：「國人皆以夫子將復為發棠，殆不可復。」

陳臻建議救齊饑：齊國之人悉盼師，再替民求棠邑粟。慈情恐怕不能為。

孟子曰：「是為馮婦也。晉人有馮婦者，善搏虎，卒為善士。則之野，有眾逐虎。虎負嵎，莫之敢攖。望見馮婦，趨而迎之。馮婦攘臂下車。眾皆悅之。其為士者笑之。」

二十四、口之於味章

孟子曰：「口之於味也，目之於色也，耳之於聲也，鼻之於臭也，

孟云若是為馮婦。打虎晉人憑赤手。
後始安貧作善人，士人效法渠為友。
之野遙看眾聚軀，方驅猛虎負山嵎。
無人敢向前攖虎。眾見馮來接塞塗。
馮婦下車伸臂湧。人群喜極而雷動。
讀書明理若聞之，會笑斯人真懵懂。

口之於味品瓊漿。目賞無窮亮麗光。
耳喜悠揚今古樂。鼻由嗅覺判千香。

四肢之於安佚也，性也。有命焉，君子不謂性也。

仁之於父子也，義之於君臣也，禮之於賓主也，智之於賢者也。

聖人之於天道也，命也，有性焉，君子不謂命也。」

二十五、浩生不害章

浩生不害問曰：「樂正子，何人也？」孟子曰：「善人也，信人也。」「何謂善？何謂信？」

四肢喜逸嫌勞惹。五者人之原性也。
君子憎言性有因，原來有命監天下。
仁存父子須慈孝，義重君臣若水魚。
禮貴謙和賓主洽，智因熟讀聖賢書。
聖人一切循天道。五者常人言命造。
君子知存本性中，不言其命斯為寶。

浩生不害有疑詢：樂正子生何許人？
曰是善人兼有信。又詢善信理祈申。

曰：「可欲之謂善，有諸己之謂信。充實之謂美，充實而有光輝之謂大，大而化之之謂聖，聖而不可知之之謂神。樂正子，二之中，四之下也。」

二十八、逃墨歸楊章

孟子曰：「逃墨必歸於楊，逃楊必歸於儒。歸，斯受之而已矣。今之與楊墨辯者，如追放豚。既入其苙，又從而招之。」

嘉言懿行他人念。所欲施人當是善。
善行從心不欺矇。斯為人信言須踐。
善行真充是美方。自身充實有光輝，
更能表現斯為大。大且化之為聖王。
聖不能知是神也，樂生正子為人雅，
可云善信二之中，美大聖神之下者。
孟曰：凡逃墨者流，必歸楊子與之游。
逃楊必服儒家道，既肯來歸則樂收。
今之與墨楊論者，恰似追回逃豕也。
既趕回其畜圈中，又須縛緊其雙踝。

二十七、有布縷之征章

孟子曰：「有布縷之征，粟米之征，力役之征。君子用其一，緩其二。用其二而民有殍，用其三而父子離。」

孟云徵稅分三軌：布帛米糧勞役耳。
君子惟挑其一種，其他兩者延征矣。
開征共二則民飢，甚至淪為餓斃屍。
假若同收三種稅，堪憐父子必分離。

二十八、諸侯之寶章

孟子曰：「諸侯之寶三：土地，人民，政事。寶珠玉者，殃必及身。」

諸侯之寶古今談，土地人民政事三。
凡有珍珠奇玉者，必遭殃禍報渠貧。

二十九、盆成括章

盆成括仕於齊。孟子曰：「死矣，盆成括！」盆成括見殺。門人問曰：「夫子何以知其將見殺？」曰：「其為人也，小有才，未聞君子之大道也，則足以殺其軀而已矣。」

在齊從仕盆成括，孟子言渠將不活。
未幾居然見殺聞。門人問理何由達？
答云只有小人譞，未悉為人大道焉。
招致禍殃由自取，因而見殺是當然。

三十、之滕章

孟子之滕，館於上宮。有業屨於牖上，館人求之弗得。或問之曰：「若是乎

孟子之滕豪宅駐。有人失屨於窗戶。
雖然遍覓卻徒勞，故問是誰私自取？

從者之廋也？」曰：「子以是為竊屨來與？」曰：「殆非也。」

「夫子之設科也，往者不追，來者不拒。苟以是心至，斯受之而已矣。」

疑為徒者匿謀圖。曰子以為吾眾徒，來此專為偷此屨，曰知來眾悉無辜。

夫子教科來者廣，當然也不追其往。真心來學必收留，難免初來猶手痒。

三十一、人皆有所不忍章

孟子曰：「人皆有所不忍，達之於其所忍，仁也；人皆有所不為，達之於其所為，義也。人能充無欲害人之心，而仁不可勝用也。

人心不忍皆同樣，推至忍心之事上，可曰其人確是仁。乃因具不為之亮。

達之在彼做之前，則是斯人有義焉。無害之心充實後，仁之用也必無邊。

人能充無穿窬之心，而義不可勝用也。人能充無受爾汝之實，無所往而不為義也。

士未可以言而言，是以言餂之也。可以言而不言，是以不言餂之也。是皆穿 窬之類也。」

三十一、言近而指遠章

孟子曰：「言近而指遠者，善言也。守約而施博者，善道也。

君子之言也，不下帶而道存焉。君子之守，脩其身而天下平。

人心不具穿窬意，則義用來無乏匱。
如不甘心受賤輕，必無所往非為義。

士來當言卻語忙，原為用語探人腸。
當言硬不言何意？是用無言餂對方。

孟曰言微而意浩，誠為善語宜珍寶。
所遵守者簡單兮，能廣行之成善道。

君子之言若帶擊，而其深道已先呈。
至於其守修身後，必國治強天下平。

人病舍其田而芸人之田，所求於人者重，而所以自任者輕。」

人之通病為田置，卻往耕芸人麥地。對別人求重比山，而於自己輕如翅。

三十三、堯舜性者章

孟子曰：「堯舜，性者也；湯武，反之也。動容周旋中禮者，盛德之至也。哭死而哀，非為生者也。經德不回，非以干祿也。言語必信，非以正行也。君子行法，以俟命而已矣。」

孟云堯舜展奇瑰，聖德全由天性來。湯武修身而自反，方能聖德俱全哉。儀容動作周旋刻，中禮方為明德極。哭死哀傷表現時，非為活者看悽惻。德行守堅無曲句，非為祿位欲干求。出言必踐其誠信，非用來為品行修。由於矣命之維護，君子行為依法度。

三十四、說大人則藐章

孟子曰：「說大人，則藐之，勿視其巍巍然。堂高數仞，榱題數尺，我得志弗為也；食前方丈，侍妾數百人，我得志弗為也；般樂飲酒，驅騁田獵，後車千乘，我得志弗為也。在彼者，皆我所不為也。在我者，皆古之制也，吾何畏彼哉！」

在大人前遊說彼，當存藐視之心理。
大人顯赫大排場，決不移於吾眼裏。
堂高數仞巨榱題，我志如酬當不為。
妾數百人餐滿丈，如吾得志弗為之。
狂歡飲酒盈金斝，田獵飈馳於翠野，
並有香車千乘隨，吾如得志無為也。
在渠所嚐且常為，我認如斯大不該。
吾愛謙恭行古制，緣何謂彼位高哉！

三十五、養心莫善於寡欲章

孟子曰：「養心莫善於寡欲。其為人也寡欲，雖有不存焉者，寡矣。其為人也多欲，雖有存焉者，寡矣。」

三十六、曾皙嗜羊棗章

曾皙嗜羊棗，而曾子不忍食羊棗。公孫丑問曰：「膾炙與羊棗孰美？」孟子曰：「膾炙哉！」公孫丑曰：「然則曾子何為食膾炙而不食羊棗？」曰：

為求安養心田嘏，最善當先求欲寡。
苟若為人寡慾望，良心自可維持也。
如人貪慾極其多，存保良心少奈何？

羊棗嘗滋曾皙頤。曾參不忍佐餐之。
公孫丑懵提疑問：膾炙安同羊棗滋？
答云膾炙滋筵席。曰但曾參餐膾炙，
羊棗不參其故何？曰餐羊棗為孤僻。

「膾炙所同也，羊棗所獨也。諱名不諱姓，姓所同也，名所獨也。」

膾炙人人願下咽。諱名循姓是當然。
姓為人眾雷同有，但各人名乃獨專。

三十七、孔子在陳章

萬章問曰：「孔子在陳曰：『盍歸乎來！吾黨之士狂簡，進取，不忘其初。』孔子在陳，何思魯之狂士？」孟子曰：「孔子不得中道而與之，必也狂獧乎！狂者進取，獧者有所不為也。孔子豈不欲中道哉？不可必得，故思其次也。」

萬章問曰居陳際，子曰盍歸乎魯地，
吾當頗多士簡狂，不忘原始超高志。
在陳思魯簡狂才，請示原因何在哉？
孟子答云其故顯，逢中道者賴培栽。
不逢中道而傳下。其次傳於狂獧者。
狂者充盈進取心，獧人有所靡為也。

「敢問何如斯可謂狂矣？」曰：「如琴張、曾晳、牧皮者，孔子之所謂狂矣。」「何以謂之狂也？」

曰：「其志嘐嘐然。」曰『古之人，古之人』。夷考其行而不掩焉者也。狂者又不可得，

欲得不屑不潔之士而與之，是獧也，是又其次也。孔子曰：

『過我門而不入我室，我不憾焉者，其惟鄉原乎！鄉原，德之賊也。』」

曰何弟子是狂癡？曾晳琴張與牧皮，
乃孔子之狂弟子。推原何故謂狂兒？
曰志嘐嘐惟古則，高言與行難符實。
如斯之士是狂夫。苟若狂夫求未得，
則求木屑受汙辠，即獧之人授與焉。
又較狂人為次也。評糟孔子有言宣：
過門卻不來吾室，但我覺吾無損失，
豈世所云鄉愿乎。德之賊也為其質。

曰：「何如斯可謂之鄉原矣？」曰：「『何以是嘐嘐也？言不顧行，行不顧言，則曰：古之人，古之人。行何為踽踽涼涼？生斯世也，為斯世也，善斯可矣。』閹然媚於世也者，是鄉原也。」

萬章曰：「一鄉皆稱原人焉，無所往而不為原人。孔子以為德之賊，何哉？」

曰：「非之無舉也，刺之無刺也。

曰鄉愿者請重申。曰愛譏狂出語頻。
行不隨言言反行，開言則曰古之人。

譏諷獧者如斯語：何必淒清孤少侶，
眾悉言佳即可為。逐流媚世遮汙處。

曰鄉悉讚原黎庶，各處稱之蒙厚譽。
以德之蟊痛責之，未知孔子何依據？

曰罵之為不是公，卻無事實可稽窮。
明知渠罪愆深重，偏又無何處可攻。

同乎流俗，合乎汙世。居之似忠信，行之似廉潔。眾皆悅之。自以為是，而不可與入堯舜之道，故曰德之賊也。」

「孔子曰：『惡似而非者：惡莠，恐其亂苗也；惡佞，恐其亂義也；惡利口，恐其亂信也。惡鄭聲，恐其亂樂也；惡紫，恐其亂朱也；惡鄉原，恐其亂德也。』君子反經而已矣。

同下流風速洽融，合汙濁水齊馳走。
居心好似信忠人，舉止猶如高潔叟。
世有人謳尊首善，渠常自負謂身殊。
惟堯舜道靡從入，乃德之蟊絕不誣。
孔云惡似而非是。惡莠因同苗似矣。
惡佞知其亂義焉。凌朱使我嫌濃紫。
懼樂卑靡惡鄭聲。惡言黠巧恐違誠。
厭鄉愿狡因違德。君子返經兒道成。

經正，則庶民興；庶民興，斯無邪慝矣！」

三十八、由堯舜至於湯章

孟子曰：「由堯舜至於湯，五百有餘歲。若禹、皋陶，則見而知之。若湯，則聞而知之。

由湯至於文王，五百有餘歲。若伊尹、萊朱，則見而知之。若文王，則聞而知之。

由文王至於孔子，五百有餘歲。若太公望、散宜生，則見而知之。若孔子，

經常道正無邪悖。百姓當然能奮發。
百姓俱能奮發強，斯無鄉愿歪邪骨。

則聞而知之。

孟曰由堯經舜謀，至湯踰五百春秋。
禹皐陶見方知道。湯則先聞悉聖猷。

由湯以至文王老，五百餘年商代了。
伊尹萊朱見後知，文王則僅聞而曉。

文王以至孔為師，五百餘年歲月馳。
姜尚散在能見到，至於孔子僅聞知。

由孔子而來至於今，百有餘歲。去聖人之世，若此其未遠也。近聖人之居若此其甚也，

然而無有乎爾，則亦無有乎爾！」

孔子離今逾百祀。故離聖道非遙矣，聖人居所近非遙，未見何人知聖理。

躬親見聖悉明通，現世既然吾未逢，恐未來時聞聖道，而傳後世竟無蹤。

孟子詩契跋

章台（臺）華

春人齊悼廖公終　痛惜從雲返太空
祭罷獨行辛亥路　適逢林呂兩詩翁

此日春人詩社公祭社長廖公從雲

＊　＊　＊

林公恭祖主詩壇　呂丈繼增精易理
同飲咖啡抵掌談　林云孟子書真美

接任春人詩社社長

吾思譯作七言章　怎奈無閒志未償
二子當能全此願　呂云瑣事正繁忙

* * *

吾研周易基難奠　最後林詢余意見
答曰雖曾誦四書　惟知淺薄難精練

* * *

林云此事實艱辛　功在推敲古義伸
從此遂由吾試譯　初成數稿味難醇

* * *

自從著手匆忙逐　似見齊梁君主倏
夢裡居然孟子逢　平平仄仄商量速

方師①指點見心丹　繼獲錢師②濟我殘
才譯首篇師悉遠　難忘屢次解余難

①方師子丹　錢師濟鄂

初稿多年仍幼穉　自思陋譯當遭議
窗前雀鳥忽高鳴　似曰苦心休放棄

* * *

湯妻臥病數年過　病榻吟哦宛似歌
一夕大凶聲忽止　堪憐未睹譯全科

* * *

冠甫陳師才卓越　松山授課傳詩訣
雖心願改奈超忙　推介楊師為細閱

柳園詩話大名傳　獲獎頻多筆似椽
精閱譯詩能應手　喜承化雨潤心田

＊　＊　＊

楊師慨允陳師舉　百事忙中為我處
鍾鍊研磨備苦辛　有時全句重新敘

＊　＊　＊

師云譯詩忌離眸　建議原文列上頭
對照看來容易懂　聖人本意可全周

＊　＊　＊

經詩並列方開步　車禍年餘醫院度
目疾開刀瞳孔偏　操觚無奈遭延誤

遵命從頭再自評　眾多首句必須更
陳師課暇堂中改　俄頃勢難全面精

＊　＊　＊

張師①授課傳技巧　譽滿詩壇誰不曉
垂問為詩是否停　因呈譯稿希渠瞭

①張師壽平公

一周還稿七章訂　囑我餘詩照改謄
遂復研磨斟酌改　如逢不順則新凝

＊　＊　＊

陳子茂宏蘭蕙質　編排拙稿將完畢
重新打字卻無言　校對楊師真務實

蔡鼎新公不僅詩　又長書法世人知
陳師往洽書耑寫　立即揮毫筆力奇

研讀《孟子詩契》心悟（代跋）

宋朝理學家張載：「學貴心悟，守舊無功。」拜讀章台華教授《孟子詩契》，心得體悟者，舉其犖犖大端。以近體詩將《孟子》推衍其義，並含有詩譯，若以《孟子詩繹》為書名則更契合書名。此乃「聞所未聞，見所未見」，堪為難能可貴。章教授不止將《孟子》真諦，以近體詩撰為七言絕句，尤其欽佩者章教授心得融入詩歌。

書名《孟子詩契》，顧名思義，《孟子》真義與詩歌契合。不啻此也，含有推衍《孟子》之新義，更有學術價值，學術水平極高。章教授令人更敬佩的是，他已是九十九歲高齡，既發表《孟子詩契》一書，又發表《方子丹詩詮釋》一書。

鄙人謹七旬耳，後生晚輩，豈敢撰跋？茲以「研讀《孟子詩契》心悟」代跋，恭請　章老鑒宥與不吝匡逮。

《孟子．萬章下》：「頌其詩，讀其書，不知其人，可乎？」章教授為江西省進賢縣朱坊村人，章氏族譜名新晰，天津南開中學畢業。國立中央大學農學士、金陵大學工學士，曾任教授、編審。譯作《有飯後科學》、《大學化學》、《工具的故事》、《二十紀的發現》、《陶業概論》等書。詩歌先從溥心畬名師研習，再從方子丹名詩人研習，爾後與陳冠甫（慶煌）、張壽平、楊君潛等習作近體詩。章教授先專攻農業、工學，再鑽研詩歌，使鄙人想起民國五十三年《星島日報》有一則報導：「研究農、工、商及其他學術，晚年多走向文學、詩歌。」章教授可印證五十一年前這則報導。摯友臺大哲學系楊惠男（南）教授，專研佛學，爾後他以筆名楊風，撰現代詩，將儒、道、佛融入現代詩，著名《詩語佛心》，將植物學名及其特性融入現代詩，並兼有儒、道、佛之思想，著有《花之隨想》等

書。甚至走向油畫、攝影，其年齡大鄙人兩歲，其佛學博通古今中外，曾著有《印度佛學史》，不僅懂英文，更洞悉梵文。

章教授於九秩晉九高齡，出版《方子丹詩詮釋》、《孟子詩契》兩本著作，可謂前無古人，後無來者，可列入金氏紀錄。九十九高齡耳聰目明，身體硬朗，行動裕如，尊重晚輩，使晚輩愧疚，他勉勵晚輩：「身體第一，學術至上。」可謂「生命的學問，學問的生命」。章教授兩本專著，內容豐贍，文筆暢達，值得強力推薦。

蔡宗陽 敬誌於國立臺灣師範大學國文研究所